# 書き込み式 漢字検定5級問題集

成美堂出版

## もくじ





**第1章**

## 学習ドリル 配当漢字表&練習問題

学習! まちがえたら最初の
どってもう一度覚えよう!



**第2章**

## 実力チェック!! 本試験型テスト

合格は140点以上。まちがえたところは
別冊の解答・解説でしっかり復習しよう!



**巻末資料** 理解を深める資料集



**別冊 解答・解説**

学習ドリルの練習問題と本試験型テストの
解答は別冊に詳細な解説入りでまとめて掲載!

# 5級の出題範囲　徹底攻略

## 出題される漢字は1026字

漢字検定5級では、常用漢字のなかの**1026字**が出題範囲となり、6級から**191字**増えました。

漢字を読ませる問題、漢字を書かせる問題ともに**9割**以上で5級の漢字が使われており、それ以外は下級の漢字です。

ただし、下級の漢字でも**熟字訓・当て字、特別な音訓**（⬇本冊P140）が出題されています。

### ✪ 5級の問題番号と出題内容※

| 問題番号 | 出題内容 |
|---|---|
| 大問(一) | 読み |
| 大問(二) | 部首と部首名 |
| 大問(三) | 画数 |
| 大問(四) | 漢字と送りがな ◀ 送りがなだけではなく漢字も答えるものに |
| 大問(五) | 音と訓 |
| 大問(六) | 四字の熟語 ◀ 四字の熟語のうち一字を答える |
| 大問(七) | 対義語・類義語 |
| 大問(八) | 熟語作り ◀ 問題文の意味に沿った熟語を作る |
| 大問(九) | 熟語の構成 |
| 大問(十) | 同じ読みの漢字 |
| 大問(土) | 漢字 |

■部分は6級からの変更点
赤字は5級で新しく加わった問題

## 5級の要注意問題の対策

### 「四字の熟語」の覚え方

5級からは、**四字の熟語の中の一字を漢字で答える問題**が追加されます。四字の熟語には、二字の熟語を組み合わせたものと、中国の古典などに由来するものの2つのパターンがあります。

**1** 二字の熟語を組み合わせたもの

（例）高層｜建築（こうそうけんちく）

ここで分けると、上下がそれぞれ意味をもつ熟語になる
（高層＝高く階が重なった　建築＝建築）

意味　とても背が高く階が重なった建物のこと

**2** 中国の古典などに由来するもの

（例）九牛｜一毛（きゅうぎゅうのいちもう）

分割してもそれぞれ意味を持つ熟語にならない

意味　多くの中のきわめてわずかな部分のこと

**1**の場合、意味は二字の熟語のそれぞれの意味を組み合わせたものになり、漢字も想像しやすいものです。

しかし、**2**の場合は四字の熟語それ自体や意味を知らなければ、答えることは難しいでしょう。

四字の熟語の学習には本冊P145「**覚えておきたい四字の熟語**」を参照してください。

### 「熟語作り」の作り方

5級からは、**問題文の意味に沿った二字の熟語を、選択肢の漢字を組み合わせて答える問題**が出題されます。この問題は、普段あまり目にしないタイプの問題です。

（例）
1　機械などを動かすこと。
2　物をすいこむこと。

ア 操　イ 引　ウ 作
エ 読　オ 吸　カ 敬

この問題は、**単純に漢字を覚えているだけでは正解が難しい**問題です。漢字だけではなく、熟語を作れたとしても、熟語の意味を覚えていなければ、どの意味に当てはめればよいのかがわかりません。漢字だけではなく、**熟語の意味も学習し**

※本書は出題が予想される形式で構成しています。実際の試験は、公益財団法人 日本漢字能力検定協会の審査基準の変更の有無にかかわらず、出題形式や問題数が変更されることもあります。

## ✪ ５級の審査基準

| 領域・内容 | | 程度 |
|---|---|---|
| 読むことと書くこと | 小学校学年別漢字配当表の第６学年までの学習漢字を読み、書くことができる。<br>●音読みと訓読みとを正しく理解していること。<br>●送り仮名や仮名遣いに注意して正しく書けること。<br>●熟語の構成を知っていること。<br>●対義語、類義語を正しく理解していること。<br>●同音・同訓異字を正しく理解していること。 | 小学校第６学年までの学習漢字を理解し、文章の中で漢字が果たしている役割に対する知識を身に付け、漢字を文章の中で適切に使える。 |
| 四字熟語 | 四字熟語を正しく理解している。<br>（例）有名無実　郷土芸能　など | |
| 筆順 | 筆順、総画数を正しく理解している。 | |
| 部首 | 部首を理解し、識別できる。 | |

ておきましょう。

**解答**

１　ア　ウ……操作

２　オ　イ……吸引

### 「熟語の構成」の見分け方

**熟語の構成**の問題は、二字の熟語の上下の漢字がどのような関係にあるかを**５つの選択肢から答える**、普段あまり目にしないタイプの問題です。

熟語の構成には次のようなパターンがあり、それぞれ見分けられるようにしておけば得点しやすい問題です。

**ア**　反対や対《つい》になる意味の字を組み合わせたもの

（例）取捨（しゅしゃ）　取 とる ⇔ 捨 すてる

上の字と下の字、それぞれの漢字の意味を考え、反対または対応する意味であればこの構成。

**イ**　同じような意味の漢字を組み合わせたもの

（例）勤務（きんむ）　勤 つとめる ＝ 務 つとめる

上の字と下の字、それぞれの漢字の意味を考え、同じような意味であればこの構成。

**ウ**　上の字が下の字を説明（修飾《しょく》）しているもの

（例）牛乳（ぎゅうにゅう）　牛（の）乳

上の字から下の字に読むと意味がわかるものはこの構成。

**エ**　下の字から上の字へ返って読むと意味がよくわかるもの

（例）養蚕（ようさん）　かいこ（を）やしなう

下の字に「て・に・を・は」をつけ、下の字から上の字に読むことができればこの構成。

# 5級の採点基準

## 2～10級は常用漢字で答える

**【書き】** 2～10級の解答については、**常用漢字表**（内閣告示）の漢字で答えなければなりません。その他の漢字や旧字体で解答すると、まちがいになります。たとえば、「真」を「眞」と書いたり、「門」「歴」を「门」「厂」と書くと誤りになります。

**【読み】** 音読みも訓読みも常用漢字表が採点の基準です。常用漢字表にない読みを書くと正答とはみなされません。

**【部首】** 漢字検定での部首の解答は、2級以下の漢字がすべて掲載《けいさい》されている**『漢検要覧2～10級対応 改訂版』**（公益財団法人日本漢字能力検定協会発行）収録の**「部首一覧表と部首別の常用漢字」**によります。部首は辞書によって多少異なる場合もありますので、よく注意してください（第1章学習ドリルそれぞれの最初にある**「5級配当漢字表」**を参照）。

**【かなづかい】** **現代仮名遣《づか》い**（内閣告示）によります。

**【送りがな】** **送りがなの付け方**（内閣告示）によります。

**【字体】** 字体は、**教科書体**（小学校の教科書で使用されている字の形）が基本です。本書の問題・解答・資料も教科書体を使用しています。

**正しい字の形に**

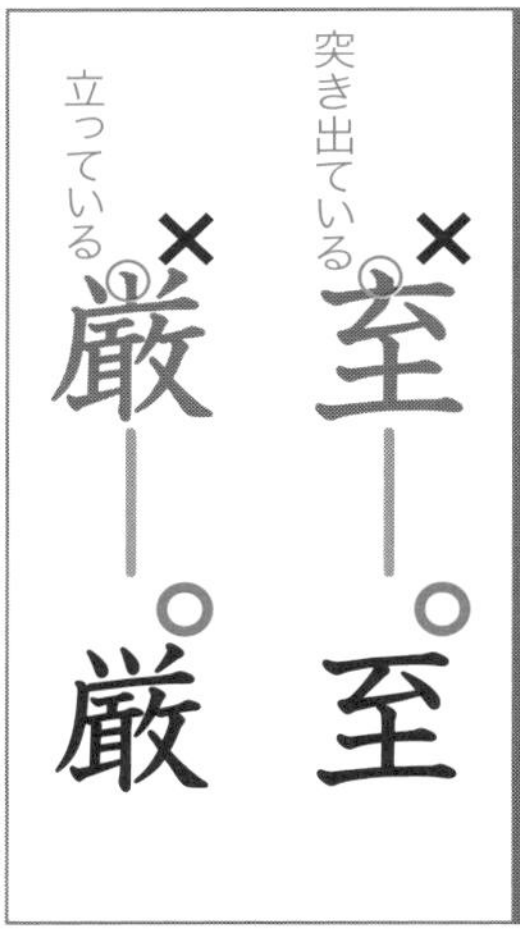


## 文字は正しくていねいに

筆順（点や画）を正しく書くことが大切です。くずした字を書いたり乱雑な書き方をしたりすると、採点の対象外となります。楷《かい》書で、ていねいに書くようにしてください。「はねる」「とめる」「長・短」「続ける・はなす」など、一画一画、細かいところまで気を配りましょう。

記号で答える問題は、本書では記号を書き込みますが、本番の試験ではマークシートをぬりつぶして答えます。はみ出したり、あいまいなぬりかたをしたりすると採点の対象にならないことがあるので注意してください。

**筆画を正しく書く**

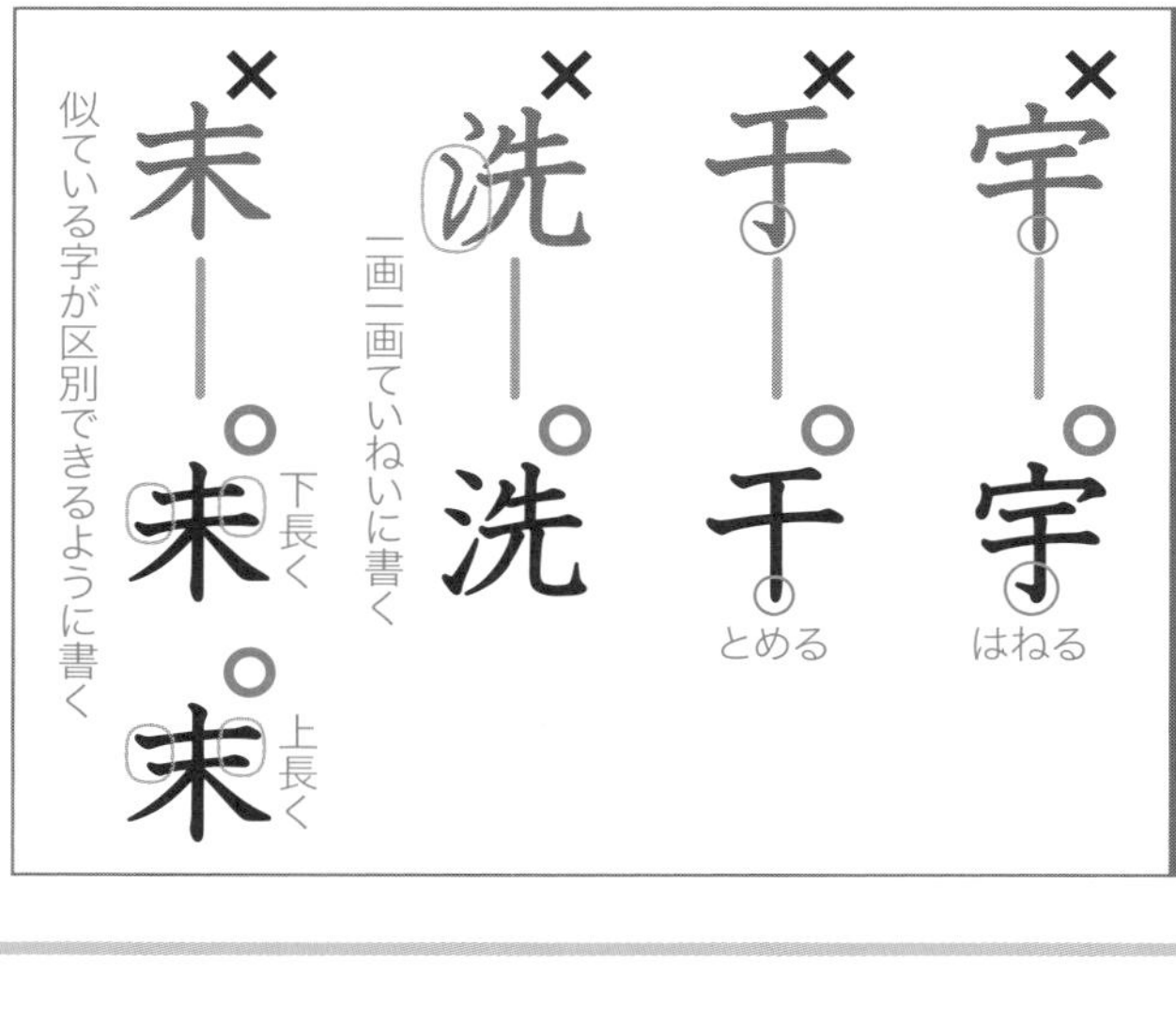


## 合格基準は正解率70％

合格基準は、1級～2級は80％程度、準2級～7級は70％程度、8～10級は80％程度となっています。「5級」合格を目指す人は、140点程度が合格の目安になります。

# 5級の実施要項

## 受検資格

年齢《れい》や学歴、国籍《せき》にかかわらず、希望すれば、だれでも、どの級からでも受検することができます。

## 主な申し込み方法

受検のしかたには、「個人受検」と「団体受検」があります。また、通常の(紙の)検定のほかに、コンピュータを使って受検するシステム(漢検CBT)も実施《し》されています。ここでは「個人受検」の申し込《こ》み方法について説明します。

**【申し込み方法】** 受検の申し込みは、インターネットで行います。

日本漢字能力検定協会のホームページから受検者専《せん》用サイトで申し込《こ》みを行い、クレジットカードやQRコード、コンビニ店頭で決済を行います。

**【申し込み期間】** 検定日のおよそ3か月前から1か月前までとなっています。

## 検定日・合否の通知など

**【検定実施日】** 毎年、おおむね6月、10月、2月の年3回行われています(漢検CBTは、検定日にかぎらず実施されています)。スケジュールなどについては、協会に直接問い合わせるか、協会のホームページで確認してください。

**【検定会場】** 全国の主要都市で行われています。願書に記載《さい》されている検定会場から、自分の希望する会場を選びます。

**【検定時間】** 5級は60分間。開始時間の異なる級を選べば、2つ以上の級を受検することができます。

**【合否の通知】** 検定実施《し》後、約5日後に漢検ホームページで標準解答がWEB公開されます。約30日後に漢検ホームページでWEB合否結果が公開され、受検者自身で合否結果を確認できるようになります。約40日後には、検定結果資料と標準解答が郵送されます。

### 問い合わせ先

**公益財団法人 日本漢字能力検定協会**
**【本部】**
〒605-0074
京都市東山区祇園町南側551番地
TEL 075-757-8600
FAX 075-532-1110
ホームページにある「よくある質問」を読んで該当する質問がみつからなければメールフォームでお問合せください。電話でのお問合せ窓口は**0120-509-315(無料)**です。

### 検定当日の注意点

| | |
|---|---|
| **【持ち物】** | 受検票、HB・B・2Bの鉛筆(シャープペンシルも可)、消しゴムを忘れずに持っていってください。ボールペンや万年筆、こすって消せるペンの使用は認められていません。ルーペ持ち込み可。 |
| **【交通】** | 自動車やバイクでの来場は、原則として認められていません。公共の交通機関を使用してください。 |
| **【時間】** | 事前に説明などがあるため、検定開始の15分前には検定会場に入ってください。 |


本書は、原則として2024年1月現在の情報に基づいています。試験制度は変更されることがありますので、必ずご自身で、試験実施団体が発表する最新の情報をご確認ください。

# 本書の見方と使い方

## STEP 1 第1章 学習ドリルで配当漢字を覚える！

配当漢字表

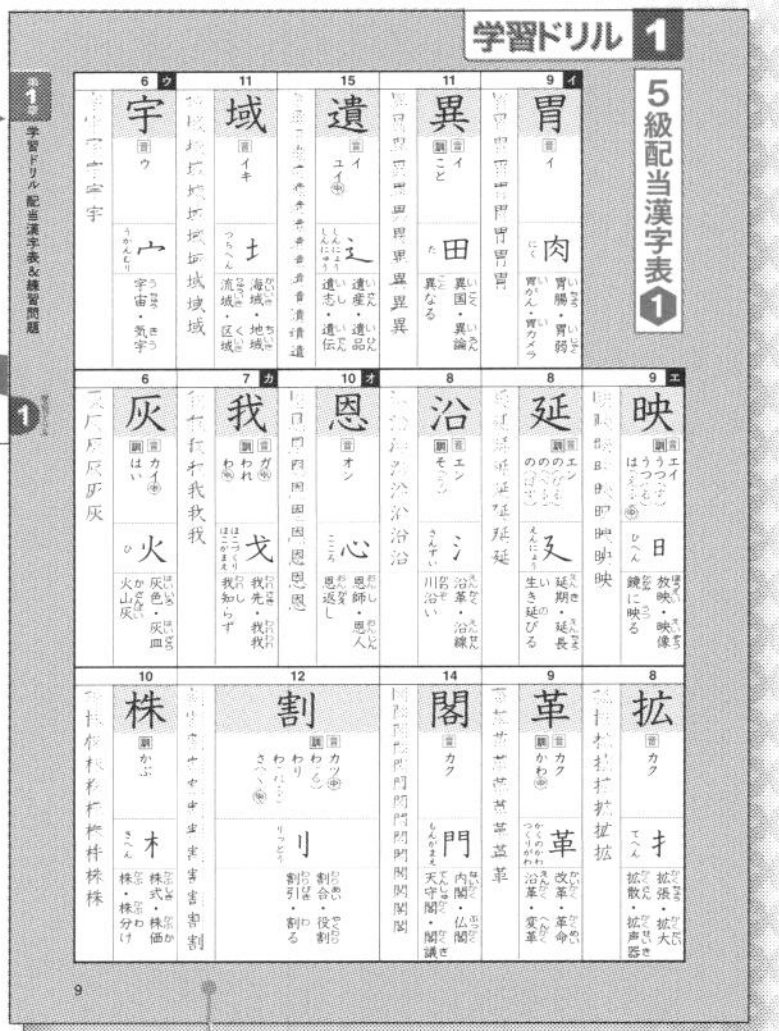

練習問題

第1章では5級配当漢字191字を11に分け、それぞれ練習問題を解いていくことで覚えられるように構成しています。

解答時間をめやすにドンドン書き込《こ》んで答えていこう！

5級配当漢字の試験に出る要素を完全収録！

## STEP 2 第2章 本試験型テストにチャレンジ！

本試験型テスト

第2章は本試験同様の出題形式のテストを13回分出題。まずは、時間通りに解いて合格点を目指しましょう。まちがえたら別冊の解説で納得するまでしっかり復習しましょう。

実際の本試験の出題形式で出題！　解いていけば本番に強くなる！

別冊 解答・解説

学習ドリルの練習問題も本試験型テストも別冊の解答で答え合わせ。

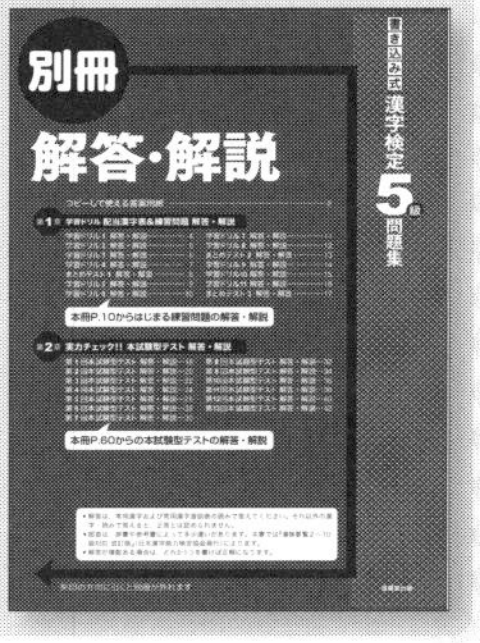

## STEP 3 巻末資料 頻出語句満載！ 理解が深まる資料集でレベルアップ！

筆順の原則

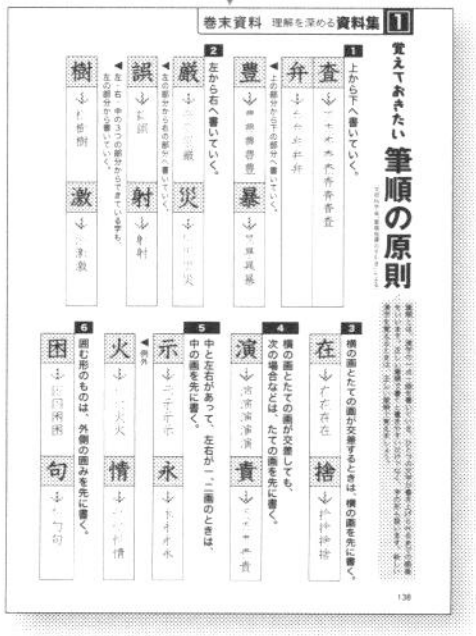

部首

四字の熟語

巻末には、過去に多く出題された漢字や熟語を分野別に解説。本書のテストの復習はもちろん、本番前の予習に活用してください。

過去の本試験で出題された問題、本番で出題されそうな問題がたくさん！

# 第1章

# 学習ドリル 配当漢字表 & 練習問題

出題範囲を集中学習!
まちがえたら最初の
配当漢字表にもどって
もう一度覚えよう!

# 学習ドリルの進め方

## 配当漢字表の見方

**1** まずは、学習ドリル最初の**配当漢字表**で、出題される漢字を確認＆学習する！

**2** **練習問題**では配当漢字表の漢字を出題形式別に出題。どの出題方法でも対応できるようになる！

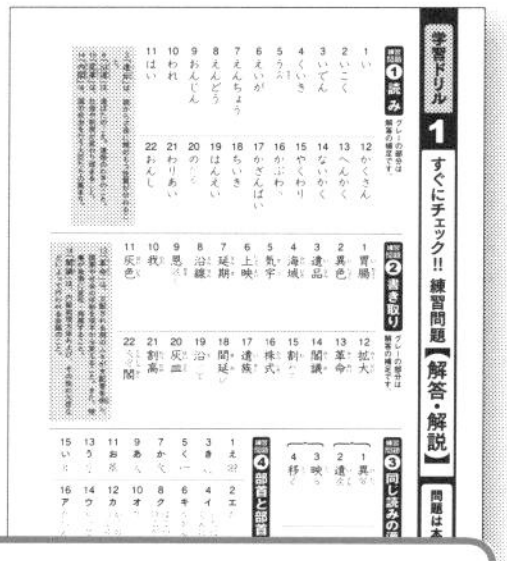


**別冊 解答・解説**

**3** 別冊で答え合わせ。まちがえたら**配当漢字表**で再確認！

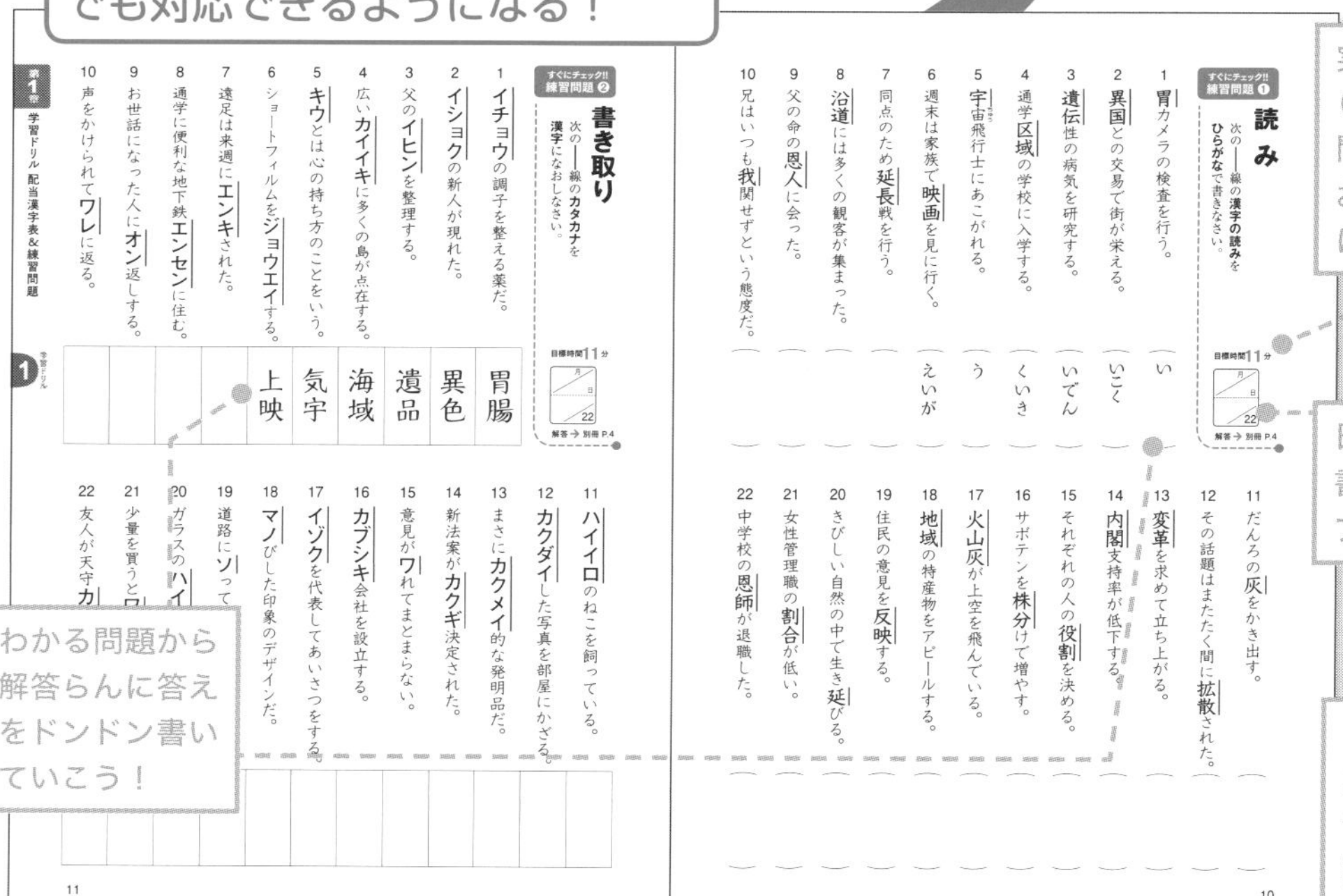

すぐにチェック!! 練習問題 1

読み

次の——線の**漢字の読み**を**ひらがな**で書きなさい。

1 胃カメラの検査を行う。（い）
2 異国との交易で街が栄える。（いこく）
3 遺伝性の病気を研究する。（いでん）
4 通学区域の学校に入学する。（くいき）
5 宇宙《ちゅう》飛行士にあこがれる。（う）
6 週末は家族で映画を見に行く。（えいが）
7 同点のため延長戦を行う。
8 沿道には多くの観客が集まった。
9 父の命の恩人に会った。
10 兄はいつも我関せずという態度だ。
11 だんろの灰をかき出す。
12 その話題はまたたく間に拡散された。
13 変革を求めて立ち上がる。
14 内閣支持率が低下する。
15 それぞれの人の役割を決める。
16 サボテンを株分けて増やす。
17 火山灰が上空を飛んでいる。
18 地域の特産物をアピールする。
19 住民の意見を反映する。
20 きびしい自然の中で生き延びる。
21 女性管理職の割合が低い。
22 中学校の恩師が退職した。

目標時間11分　月　日　22
解答→別冊P.4

10

すぐにチェック!! 練習問題 2

書き取り

次の——線の**カタカナ**を**漢字**になおしなさい。

1 イチョウの調子を整える薬だ。（胃腸）
2 イショクの新人が現れた。（異色）
3 父のイヒンを整理する。（遺品）
4 広いカイイキに多くの島が点在する。（海域）
5 キウとは心の持ち方のことをいう。（気宇）
6 ショートフィルムをジョウエイする。（上映）
7 遠足は来週にエンキされた。
8 通学に便利な地下鉄エンセンに住む。
9 お世話になった人にオン返しする。
10 声をかけられてワレに返る。
11 ハイイロのねこを飼っている。
12 カクダイした写真を部屋にかざる。
13 まさにカクメイ的な発明品だ。
14 新法案がカクギ決定された。
15 意見がワれてまとまらない。
16 カブシキ会社を設立する。
17 イゾクを代表してあいさつをする。
18 マノびした印象のデザインだ。
19 道路にソって
20 ガラスのハイ
21 少量を買うとワ
22 友人が天守カ

目標時間11分　月　日　22
解答→別冊P.4

第1章 学習ドリル 配当漢字表&練習問題

11

実際の試験の時間（60分）から目標時間を計算。時間どおりに解けば本番に強くなる！

日付と採点結果を書いて、実力アップを実感しよう！

わかる問題から解答らんに答えをドンドン書いていこう！

「まとめテスト」1、2、3には送りがなや四字の熟語の問題も収録！

# 学習ドリル 1

## 5級配当漢字表 1

| 漢字 | 画数 | 読み | 部首 | 用例 |
|---|---|---|---|---|
| イ 胃 | 9 | 音 イ | 肉 にく | 胃腸《いちょう》・胃弱《いじゃく》 胃《い》がん・胃《い》カメラ |
| 異 | 11 | 音 イ 訓 こと | 田 た | 異国《いこく》・異論《いろん》 異《こと》なる |
| 遺 | 15 | 音 イ ユイ(中) | 辶 しんにょう しんにゅう | 遺産《いさん》・遺品《いひん》 遺志《いし》・遺伝《いでん》 |
| 域 | 11 | 音 イキ | 土 つちへん | 海域《かいいき》・地域《ちいき》 流域《りゅういき》・区域《くいき》 |
| ウ 宇 | 6 | 音 ウ | 宀 うかんむり | 宇宙《うちゅう》・気宇《きう》 |

| 漢字 | 画数 | 読み | 部首 | 用例 |
|---|---|---|---|---|
| エ 映 | 9 | 音 エイ 訓 うつ(す) うつ(る) は(える)(中) | 日 ひへん | 放映《ほうえい》・映像《えいぞう》 鏡《かがみ》に映《うつ》る |
| 延 | 8 | 音 エン 訓 の(びる) の(べる) の(ばす) | 廴 えんにょう | 延期《えんき》・延長《えんちょう》 生《い》き延《の》びる |
| 沿 | 8 | 音 エン 訓 そ(う) | 氵 さんずい | 沿革《えんかく》・沿線《えんせん》 川沿《かわぞ》い |
| オ 恩 | 10 | 音 オン | 心 こころ | 恩師《おんし》・恩人《おんじん》 恩返《おんがえ》し |
| カ 我 | 7 | 音 ガ(中) 訓 われ わ(中) | 戈 ほこづくり ほこがまえ | 我先《われさき》・我我《われわれ》 我知《われし》らず |
| 灰 | 6 | 音 カイ(中) 訓 はい | 火 ひ | 灰色《はいいろ》・灰皿《はいざら》 火山灰《かざんばい》 |

| 漢字 | 画数 | 読み | 部首 | 用例 |
|---|---|---|---|---|
| 拡 | 8 | 音 カク | 扌 てへん | 拡張《かくちょう》・拡大《かくだい》 拡散《かくさん》・拡声器《かくせいき》 |
| 革 | 9 | 音 カク 訓 かわ(中) | 革 かくのかわ つくりがわ | 改革《かいかく》・革命《かくめい》 沿革《えんかく》・変革《へんかく》 |
| 閣 | 14 | 音 カク | 門 もんがまえ | 内閣《ないかく》・仏閣《ぶっかく》 天守閣《てんしゅかく》・閣議《かくぎ》 |
| 割 | 12 | 音 カツ(中) 訓 わ(る) わり わ(れる) さ(く)(中) | 刂 りっとう | 割合《わりあい》・役割《やくわり》 割引《わりびき》・割《わ》る |
| 株 | 10 | 訓 かぶ | 木 きへん | 株式《かぶしき》・株価《かぶか》 株《かぶ》・株分《かぶわ》け |

すぐにチェック!!
練習問題 ①

## 読み

次の――線の**漢字の読み**を**ひらがな**で書きなさい。

目標時間11分

月　日　/22

解答→別冊 P.4

1 **胃**カメラの検査を行う。

2 **異国**との交易で街が栄える。

3 **遺伝**性の病気を研究する。

4 通学**区域**の学校に入学する。

5 **宇**宙《ちゅう》飛行士にあこがれる。

6 週末は家族で**映画**を見に行く。

7 同点のため**延長**戦を行う。

8 **沿道**には多くの観客が集まった。

9 父の命の**恩人**に会った。

10 兄はいつも**我**関せずという態度だ。

11 だんろの**灰**をかき出す。

12 その話題はまたたく間に**拡散**された。

13 **変革**を求めて立ち上がる。

14 **内閣**支持率が低下する。

15 それぞれの人の**役割**を決める。

16 サボテンを**株分**けで増やす。

17 **火山灰**が上空を飛んでいる。

18 **地域**の特産物をアピールする。

19 住民の意見を**反映**する。

20 きびしい自然の中で生き**延**びる。

21 女性管理職の**割合**が低い。

22 中学校の**恩師**が退職した。

すぐにチェック!!
練習問題❷

# 書き取り

次の——線の**カタカナ**を**漢字**になおしなさい。

目標時間11分

月　日　/22

解答→別冊 P.4

1 **イチョウ**の調子を整える薬だ。

2 **イショク**の新人が現れた。

3 父の**イヒン**を整理する。

4 広い**カイイキ**に多くの島が点在する。

5 **キウ**とは心の持ち方のことをいう。

6 話題の作品が**ジョウエイ**されている。

7 遠足は来週に**エンキ**された。

8 通学に便利な地下鉄**エンセン**に住む。

9 お世話になった人に**オンガエ**しする。

10 声をかけられて**ワレ**に返る。

11 **ハイイロ**のねこを飼っている。

12 **カクダイ**した写真を部屋にかざる。

13 まさに**カクメイ**的な発明品だ。

14 新法案が**カクギ**決定された。

15 意見が**ワ**れてまとまらない。

16 **カブシキ**会社を設立する。

17 **イゾク**を代表してあいさつをする。

18 **マノ**びした印象のデザインだ。

19 道路に**ソ**って桜並《なみ》木が続く。

20 ガラスの**ハイザラ**を置く。

21 少量を買うと**ワリダカ**になりがちだ。

22 友人が天守**カク**を見上げている。

すぐにチェック!! 練習問題③

# 同じ読みの漢字

次の——線の**カタカナ**を**漢字**になおしなさい。

目標時間4分

月　日　/8

解答→別冊 P.4

1 **イ**質なものを受け入れる。

2 **イ**産相続の手続きを行った。

3 池の水面に満月が**ウツ**る。

4 四月から新居に**ウツ**る。

5 道路の**カク**張工事を行う。

6 フライングにより失**カク**となった。

7 **カク**新的なアイデアを生み出す。

8 **カク**実に成功する方法を選ぶ。

すぐにチェック!! 練習問題④

# 部首と部首名

次の漢字の**部首**と**部首名**を後の□の中から選び、**記号**で答えなさい。

目標時間8分

月　日　/16

解答→別冊 P.4

| | 異 | 遺 | 宇 | 我 |
|---|---|---|---|---|
| 部首 | 1 | 3 | 5 | 7 |
| 部首名 | 2 | 4 | 6 | 8 |

| | 灰 | 革 | 割 | 映 |
|---|---|---|---|---|
| 部首 | 9 | 11 | 13 | 15 |
| 部首名 | 10 | 12 | 14 | 16 |

**部首の選択肢**

あ 火　い 日　う 刂　え 田　お 革　か 戈　き 辶　く 宀

**部首名の選択肢**

ア ひへん
イ しんにょう・しんにゅう
ウ りっとう
エ た
オ ひ
カ かくのかわ・つくりがわ
キ うかんむり
ク ほこづくり・ほこがまえ

# 5級配当漢字表 2

| | 漢字 | 画数 | 音 | 訓 | 部首 | 用例 |
|---|---|---|---|---|---|---|
| カ | 干 | 3 | カン | ほ(す)<br>ひ(る)中 | 干 いちじゅう（かん） | 干害《かんがい》・干天《かんてん》<br>物干《ものほ》し・干《ほ》す |
| | 巻 | 9 | カン | ま(く)<br>まき | 己 ふしづくり（わりふ） | 巻末《かんまつ》・巻頭《かんとう》<br>巻物《まきもの》・巻《ま》く |
| | 看 | 9 | カン | | 目 め | 看板《かんばん》・看護師《かんごし》<br>看護《かんご》・看病《かんびょう》 |
| | 簡 | 18 | カン | | ⺮ たけかんむり | 簡潔《かんけつ》・簡単《かんたん》<br>簡略《かんりゃく》・書簡《しょかん》 |
| キ | 危 | 6 | キ | あぶ(ない)<br>あや(うい)中<br>あや(ぶむ)中 | 㔾 ふしづくり（わりふ） | 危険《きけん》・危害《きがい》<br>危《あぶ》ない道《みち》 |
| | 机 | 6 | キ中 | つくえ | 木 きへん | 机《つくえ》の上《うえ》<br>勉強机《べんきょうづくえ》 |
| | 揮 | 12 | キ | | 扌 てへん | 指揮《しき》・発揮《はっき》<br>揮発《きはつ》・指揮者《しきしゃ》 |
| | 貴 | 12 | キ | たっと(い)中<br>とうと(い)中<br>たっと(ぶ)中<br>とうと(ぶ)中 | 貝 かい（こがい） | 貴社《きしゃ》・貴重《きちょう》<br>兄貴《あにき》・貴族《きぞく》 |
| | 疑 | 14 | ギ | うたが(う) | 疋 ひき | 疑問《ぎもん》・質疑《しつぎ》<br>疑《うたが》わしい |
| | 吸 | 6 | キュウ | す(う) | 口 くちへん | 吸収《きゅうしゅう》・吸引《きゅういん》<br>吸《す》う・吸《す》い物《もの》 |
| | 供 | 8 | キョウ<br>ク高 | そな(える)<br>とも | 亻 にんべん | 供給《きょうきゅう》・供《そな》え物《もの》<br>子供《こども》 |
| | 胸 | 10 | キョウ | むね<br>むな中 | 月 にくづき | 胸囲《きょうい》・度胸《どきょう》<br>胸焼《むねや》け |
| | 郷 | 11 | キョウ<br>ゴウ中 | | 阝 おおざと | 郷土《きょうど》・郷里《きょうり》<br>故郷《こきょう》 |
| | 勤 | 12 | キン<br>ゴン高 | つと(める)<br>つと(まる) | 力 ちから | 勤務《きんむ》・出勤《しゅっきん》<br>勤《つと》め先《さき》 |
| | 筋 | 12 | キン | すじ | ⺮ たけかんむり | 筋肉《きんにく》・腹筋《ふっきん》<br>筋道《すじみち》・川筋《かわすじ》 |
| ケ | 系 | 7 | ケイ | | 糸 いと | 系統《けいとう》・太陽系《たいようけい》<br>茶系統《ちゃけいとう》 |
| | 敬 | 12 | ケイ | うやま(う) | 攵 のぶん（ぼくづくり） | 尊敬《そんけい》・敬語《けいご》<br>父《ちち》を敬《うやま》う |
| | 警 | 19 | ケイ | | 言 げん | 警察《けいさつ》・警報《けいほう》<br>警備《けいび》・警護《けいご》 |
| | 劇 | 15 | ゲキ | | 刂 りっとう | 演劇《えんげき》・悲劇《ひげき》<br>歌劇《かげき》・寸劇《すんげき》 |

すぐにチェック!!
練習問題 ❶

# 読み

次の――線の**漢字の読み**を**ひらがな**で書きなさい。

目標時間 11 分

月 日 /22

解答 → 別冊 P.5

1 晴れた日にふとんを干す。

2 長編小説を全巻そろえる。

3 体調をくずした母を看病する。

4 手続きを簡略化する。

5 危険な場所には近づかない。

6 机の上に家族の写真をかざる。

7 試合で本来の実力を発揮する。

8 貴重な体験をさせてもらった。

9 成功するかどうかは疑問だ。

10 根から水分や養分を吸収《しゅう》する。

11 国産野菜の供給量が増加する。

12 胸部のレントゲンをとる。

13 郷土愛に目覚める。

14 父は毎朝七時に出勤する。

15 適度な運動で筋肉をつける。

16 ビルの電気系統を点検する。

17 目上の人には敬語を使って話す。

18 火災警報器を設置する。

19 国立劇場でオペラを上演する。

20 朝顔のつるを支柱に巻きつける。

21 大勢の供を引き連れて練り歩く。

22 筋道を立てて説明する。

すぐにチェック!! 練習問題❷

# 書き取り

次の――線のカタカナを漢字になおしなさい。

目標時間11分

月　日　/22

解答→別冊 P.5

1 洗った服を**モノホ**しにかける。
2 姉が**カンゴ**学校に進学した。
3 **カンタン**な問題から解いていく。
4 人に**キガイ**を加えてはいけない。
5 勉強**ヅクエ**を買ってもらった。
6 合唱祭で**シキ**者を任される。
7 **キキンゾク**店が集まる通りを歩く。
8 身に覚えのない**ヨウギ**をかけられる。
9 **キュウイン**力の強いそうじ機を買う。
10 **シキョウ**品の美容液を使ってみる。

11 身体測定で**キョウイ**を測定する。
12 五年ぶりに**コキョウ**の村にもどる。
13 一日八時間**キンム**している。
14 **テッキン**コンクリートの建物に住む。
15 **ケイレツ**会社に出向する。
16 **ケイゴ**を使って年長者と話す。
17 サッカーの試合で**ケイコク**を受ける。
18 **ゲキサッカ**になるのが夢だ。
19 交通量が多く**アブ**ない道だ。
20 はまぐりのお**ス**い物を作る。
21 **ツト**め先の会社名を記入する。
22 **ハナスジ**の通った美しい横顔だ。

すぐにチェック!!
練習問題③

# 同じ読みの漢字

次の――線の**カタカナ**を**漢字**になおしなさい。

目標時間4分

月　日　/8

解答→別冊 P.5

1 **カン**潔に業務内容を説明する。

2 ケガが**カン**治するまで二週間かかった。

3 将《しょう》来に**ソナ**えて貯金する。

4 墓前に花を**ソナ**える。

5 父の**キン**続三十周年を祝う。

6 昔のお墓から**キン**貨が見つかった。

7 **ケイ**品としてボールペンをもらった。

8 交差点で**ケイ**察官が交通整理をする。

すぐにチェック!!
練習問題④

# 部首と部首名

次の漢字の**部首**と**部首名**を後の□の中から選び、**記号**で答えなさい。

目標時間8分

月　日　/16

解答→別冊 P.5

| | 看 | 危 | 貴 | 疑 |
|---|---|---|---|---|
| 部首 | 1 | 3 | 5 | 7 |
| 部首名 | 2 | 4 | 6 | 8 |

| | 胸 | 筋 | 敬 | 警 |
|---|---|---|---|---|
| 部首 | 9 | 11 | 13 | 15 |
| 部首名 | 10 | 12 | 14 | 16 |

**部首の選択肢**

あ 攵　い 貝　う 目　え 言　お 月　か 㔾　き ⺮　く 疋

**部首名の選択肢**

ア め
イ たけかんむり
ウ にくづき
エ わりふ・ふしづくり
オ げん
カ のぶん・ぼくづくり
キ ひき
ク かい・こがい

## 5級配当漢字表 3

| 見出し | 漢字 | 画数 | 音 | 訓 | 部首 | 部首名 | 用例 |
|---|---|---|---|---|---|---|---|
| ケ | 激 | 16 | ゲキ | はげ(しい) | 氵 | さんずい | 感激《かんげき》・激戦《げきせん》 激《はげ》しい雨《あめ》 |
| | 穴 | 5 | ケツ㊥ | あな | 穴 | あな | 穴場《あなば》・巣穴《すあな》 節穴《ふしあな》・大穴《おおあな》 |
| | 券 | 8 | ケン | | 刀 | かたな | 旅券《りょけん》・定期券《ていきけん》 食券《しょっけん》・招待券《しょうたいけん》 |
| | 絹 | 13 | ケン㊢ | きぬ | 糸 | いとへん | 絹糸《きぬいと》・絹製品《きぬせいひん》 絹織物《きぬおりもの》 |
| | 権 | 15 | ケン ゴン㊢ | | 木 | きへん | 権利《けんり》・人権《じんけん》 実権《じっけん》・主権《しゅけん》 |
| | 憲 | 16 | ケン | | 心 | こころ | 憲法《けんぽう》・立憲《りっけん》 憲章《けんしょう》・護憲《ごけん》 |
| | 源 | 13 | ゲン | みなもと | 氵 | さんずい | 源泉《げんせん》・資源《しげん》 川《かわ》の源《みなもと》 |
| | 厳 | 17 | ゲン ゴン㊢ | きび(しい) おごそ(か)㊥ | ⺍ | つかんむり | 厳重《げんじゅう》・厳禁《げんきん》 厳《きび》しい目《め》 |
| コ | 己 | 3 | コ キ㊥ | おのれ㊥ | 己 | おのれ | 自己《じこ》・利己《りこ》 |
| | 呼 | 8 | コ | よ(ぶ) | 口 | くちへん | 呼吸《こきゅう》・点呼《てんこ》 呼《よ》ぶ・呼《よ》び声《ごえ》 |
| | 誤 | 14 | ゴ | あやま(る) | 言 | ごんべん | 誤解《ごかい》・誤字《ごじ》 見《み》誤《あやま》る |
| | 后 | 6 | コウ | | 口 | くち | 皇后《こうごう》・皇太后《こうたいごう》 |
| | 孝 | 7 | コウ | | 子 | こ | 孝行《こうこう》・不孝《ふこう》 忠孝《ちゅうこう》 |
| | 皇 | 9 | コウ オウ | | 白 | しろ | 皇居《こうきょ》・皇后《こうごう》 皇子《おうじ》・法皇《ほうおう》 |
| | 紅 | 9 | コウ ク㊥ | べに くれない㊥ | 糸 | いとへん | 紅茶《こうちゃ》・紅潮《こうちょう》 紅色《べにいろ》・口紅《くちべに》 |
| | 降 | 10 | コウ | お(りる) お(ろす) ふ(る) | 阝 | こざとへん | 降水《こうすい》・降《お》りる 降《ふ》る・雨降《あめふ》り |
| | 鋼 | 16 | コウ | はがね㊥ | 金 | かねへん | 鋼鉄《こうてつ》・鉄鋼《てっこう》 鋼板《こうはん》 |

すぐにチェック!!
練習問題 ❶

## 読み

次の——線の**漢字の読み**を**ひらがな**で書きなさい。

目標時間11分

月 日 /22

解答 → 別冊 P.6

1 **過激**な発言をくり返す。

2 関東で**穴場**の海水浴場を調べる。

3 食堂の入口で**食券**を買う。

4 **絹織物**の産地として有名だ。

5 労働者の**権利**を主張する。

6 五月三日は**憲法**記念日だ。

7 漢字の**起源**をさぐる。

8 **厳格**な家庭に育つ。

9 **利己的**なプレーの多い選手だ。

10 二人の**呼**吸を合わせて戦う。

11 **誤解**を招く行動はやめなさい。

12 **皇后**陛《へい》下からお声をかけられる。

13 兄は**親不孝**なことばかりしている。

14 上皇が出家して**法皇**になる。

15 式典会場に**紅白**の幕《まく》を張る。

16 グライダーがゆっくり**降下**する。

17 **鉄鋼**業界で働いている。

18 人の出入りが**激**しい職場だ。

19 **厳**しい口調で注意する。

20 休日に友達を**呼**び出す。

21 母の日に**口紅**をプレゼントする。

22 電車の**降**り口をまちがえる。

すぐにチェック!! 練習問題 ❷

# 書き取り

次の――線の**カタカナ**を**漢字**になおしなさい。

目標時間11分

月 日

/22

解答 → 別冊 P.6

1 素晴らしいもてなしに**カンゲキ**する。

2 野ウサギの**スアナ**を見つけた。

3 駅で**テイキケン**を買った。

4 **キヌ**のドレスを着る。

5 軍が政治の**ジッケン**をにぎる。

6 **リッケン**君主制について学ぶ。

7 限りある**シゲン**を大切にする。

8 **ゲンジュウ**に戸じまりをする。

9 **ジコ**流の勉強法で大学に合格した。

10 出発前に**テンコ**を行う。

11 **ゴジ**がないように気を付ける。

12 **コウタイゴウ**が民衆《しゅう》の前に現れた。

13 **コウヨウ**をつくすのは子の務めだ。

14 **コウキョ**の周辺をジョギングする。

15 ケーキと**コウチャ**を注文する。

16 今年は平年より**コウセツ**量が多い。

17 **コウテツ**のような強い心を持つ。

18 **ゲキドウ**の三年間であった。

19 母の笑《え》顔が家族の元気の**ミナモト**だ。

20 最高のチームとの**ヨ**び声が高い。

21 あざやかな**ベニイロ**の花がさく。

22 夜になって雨が**フ**り出した。

すぐにチェック!!
練習問題③

# 同じ読みの漢字

次の――線の**カタカナ**を**漢字**になおしなさい。

1 過度の食事制限は**ゲン**禁だ。

2 地図を使って**ゲン**在地を調べる。

3 自**コ**中心的だとしかられる。

4 急にテレビが**コ**障《しょう》してしまった。

5 書類に書き**アヤマ**りがあった。

6 約束を破ったことを**アヤマ**りたい。

7 **コウ**行むすめだと近所で評判だ。

8 世界中の海をヨットで**コウ**海する。

| 1 | 2 | 3 | 4 | 5 | 6 | 7 | 8 |
|---|---|---|---|---|---|---|---|
| | | | | | | | |

目標時間4分

月　日　/8

解答→別冊 P.6

すぐにチェック!!
練習問題④

# 部首と部首名

次の漢字の**部首**と**部首名**を後の□の中から選び、**記号**で答えなさい。

| | 券 | 穴 | 憲 | 己 |
|---|---|---|---|---|
| 部首 | 1 | 3 | 5 | 7 |
| 部首名 | 2 | 4 | 6 | 8 |

| | 誤 | 孝 | 皇 | 降 |
|---|---|---|---|---|
| 部首 | 9 | 11 | 13 | 15 |
| 部首名 | 10 | 12 | 14 | 16 |

目標時間8分

月　日　/16

解答→別冊 P.6

**部首の選択肢**

あ 穴　い 心　う 白　え 刀　お 子　か 己　き 言　く 阝

**部首名の選択肢**

ア おのれ　イ かたな　ウ こころ　エ しろ　オ あな　カ ごんべん　キ こざとへん　ク こ

# 5級配当漢字表④

| 漢字 | 画数 | 音 | 訓 | 部首 | 用例 |
|---|---|---|---|---|---|
| コ 刻 | 8 | コク | きざ(む) | 刂 りっとう | 定刻《ていこく》・深刻《しんこく》 刻《きざ》む・小刻《こきざ》み |
| 穀 | 14 | コク | | 禾 のぎへん | 穀類《こくるい》・穀物《こくもつ》 米穀《べいこく》 |
| 骨 | 10 | コツ | ほね | 骨 ほね | 骨折《こっせつ》・鉄骨《てっこつ》 骨身《ほねみ》 |
| 困 | 7 | コン | こま(る) | 囗 くにがまえ | 困難《こんなん》・貧困《ひんこん》 困《こま》り切《き》る |
| サ 砂 | 9 | サ シャ㊥ | すな | 石 いしへん | 砂糖《さとう》・砂鉄《さてつ》 砂場《すなば》・砂山《すなやま》 |
| 座 | 10 | ザ | すわ(る)㊥ | 广 まだれ | 口座《こうざ》・座席《ざせき》 王座《おうざ》・星座《せいざ》 |
| 済 | 11 | サイ | す(む) す(ます) | 氵 さんずい | 経済《けいざい》・救済《きゅうさい》 食事《しょくじ》が済《す》む |
| 裁 | 12 | サイ | さば(く) た(つ)㊥ | 衣 ころも | 裁判《さいばん》・裁断《さいだん》 罪《つみ》を裁《さば》く |
| 策 | 12 | サク | | ⺮ たけかんむり | 対策《たいさく》・散策《さんさく》 政策《せいさく》・方策《ほうさく》 |
| 冊 | 5 | サツ サク㊫ | | 冂 どうがまえ けいがまえ まきがまえ | 冊子《さっし》・一冊《いっさつ》 別冊《べっさつ》 |
| 蚕 | 10 | サン | かいこ | 虫 むし | 蚕業《さんぎょう》・養蚕《ようさん》 蚕《かいこ》を飼《か》う |
| シ 至 | 6 | シ | いた(る) | 至 いたる | 至上《しじょう》・至急《しきゅう》 死《し》に至《いた》る |
| 私 | 7 | シ | わたくし わたし | 禾 のぎへん | 私用《しよう》・私服《しふく》 私財《しざい》・私《わたくし・わたし》 |
| 姿 | 9 | シ | すがた | 女 おんな | 姿勢《しせい》 姿見《すがたみ》・絵姿《えすがた》 |
| 視 | 11 | シ | | 見 みる | 視察《しさつ》・軽視《けいし》 視野《しや》・近視《きんし》 |
| 詞 | 12 | シ | | 言 ごんべん | 歌詞《かし》・作詞《さくし》 名詞《めいし》・動詞《どうし》 |
| 誌 | 14 | シ | | 言 ごんべん | 雑誌《ざっし》・日誌《にっし》 誌面《しめん》 |

すぐにチェック!!
練習問題 ①

# 読み

次の――線の**漢字の読み**を**ひらがな**で書きなさい。

目標時間11分

月　日

/22

解答 → 別冊 P.7

1 出発の**時刻**を確かめる。

2 毎食、野菜や**穀類**を食べている。

3 右足を**骨折**して歩けない。

4 **困苦**にたえて勉学にはげむ。

5 コーヒーに**砂**糖《とう》を入れて飲む。

6 夏の夜空の**星座**を観測する。

7 借りたお金を**返済**する。

8 型紙に合わせて布を**裁断**する。

9 日本の外交**政策**を決定する。

10 試験問題の**冊子**が配られた。

11 **養蚕**農家は年々減少している。

12 **冬至**の日にはゆず湯に入る。

13 **私立**中学校に通っている。

14 とても**姿勢**の美しい女性だ。

15 **近視**用のめがねを買う。

16 鼻歌を歌いながら**作詞**をする。

17 **雑誌**の記事を切りぬく。

18 **困**ったときに助けるのが友人だ。

19 小学生が公園の**砂場**で遊んでいる。

20 早めの時間に食事を**済**ませる。

21 犯罪者が法の下で**裁**かれる。

22 **至**るところで桜がさき始めた。

すぐにチェック!! 練習問題②

# 書き取り

次の——線の**カタカナ**を**漢字**になおしなさい。

1 列車は**テイコク**どおりに出発した。
2 石造りの**コクモツ**倉庫がならぶ。
3 古い**テッコツ**構造の建物に住む。
4 **ヒンコン**な家庭に育つ。
5 磁《じ》石で地中の**サテツ**を集める。
6 新幹線の**ザセキ**指定券を買う。
7 **ケイザイ**状況《きょう》が上向きになる。
8 事故の**サイバン**が長引きそうだ。
9 森の中を**サンサク**する。
10 雑誌に**ベッサツ**付録がついてくる。

目標時間11分

月 日 /22

解答→別冊 P.7

11 **カイコ**のまゆから糸を取る。
12 **シキュウ**ご回答をお願いします。
13 **ショウ**で会社を休んだ。
14 自分の**ヨウシ**に自信がない。
15 **シセン**を感じてふり返る。
16 好きな曲の**カシ**を暗記する。
17 当番の人が学級**ニッシ**を書く。
18 薬味のねぎを細かく**キザ**む。
19 **ホネオ**り損のくたびれもうけだ。
20 **スナチ**は水はけがよい。
21 **ワタシ**にとって大切な時間だ。
22 **スガタミ**の前で身だしなみを整える。

すぐにチェック!! 練習問題③

## 同じ読みの漢字

次の——線の**カタカナ**を**漢字**になおしなさい。

1 父は広**コク**業界で働いている。

2 先**コク**からお客様がお待ちです。

3 暑さ対**サク**をして出かける。

4 有名な画家の**サク**品を手に入れる。

5 公**シ**混同もはなはだしい。

6 恩**シ**に年賀状を出した。

7 少し**シ**点を変えて考えてみる。

8 海外にある**シ**社に移動することとなった。

目標時間4分

月　日　/8

解答→別冊 P.7

すぐにチェック!! 練習問題④

## 部首と部首名

次の漢字の**部首**と**部首名**を後の□の中から選び、**記号**で答えなさい。

| | 穀 | 済 | 裁 | 冊 |
|---|---|---|---|---|
| 部首 | 1 | 3 | 5 | 7 |
| 部首名 | 2 | 4 | 6 | 8 |

| | 蚕 | 至 | 姿 | 詞 |
|---|---|---|---|---|
| 部首 | 9 | 11 | 13 | 15 |
| 部首名 | 10 | 12 | 14 | 16 |

目標時間8分

月　日　/16

解答→別冊 P.7

**部首の選択肢**

あ 至　い 衣　う 言　え 女　お 虫　か 氵　き 冂　く 禾

**部首名の選択肢**

ア ごんべん
イ どうがまえ・けいがまえ・まきがまえ
ウ ころも
エ のぎへん
オ さんずい
カ おんな
キ いたる
ク むし

すぐにチェック!! 練習問題 1

## 漢字と送りがな

次の――線の**カタカナ**の部分を**漢字一字と送りがな（ひらがな）**になおしなさい。

目標時間4分

月　日　/8

解答→別冊 P.8

1 面接の日を先に**ノバス**。

2 窓《まど》ガラスがひび**ワレル**。

3 **アブナイ**場所には近づかない。

4 春から市役所に**ツトメル**予定だ。

5 **キビシイ**顔つきで話す。

6 経済の実態を見**アヤマル**。

7 古時計が時を**キザム**。

8 遊ぶ前に宿題を**スマセル**。

すぐにチェック!! 練習問題 2

## 対義語・類義語

次の□の**ひらがな**を**対義語（↕）**、**類義語（＝）**になるよう**漢字**になおしなさい。

目標時間6分

月　日　/12

解答→別冊 P.8

1 正常↕□《い》常

2 地区＝地□《いき》

3 改新＝改□《かく》

4 複雑↕□《かん》単

5 安全↕□《き》険

6 応答＝質□《ぎ》

7 大人↕子□《ども》

8 注意＝□《けい》告

9 感動＝感□《げき》

10 河口↕水□《げん》

11 公用↕□《し》用

12 目線＝□《し》線

すぐにチェック!!
練習問題③

# 画数

次の漢字の**赤い画**のところは**筆順の何画目**か、また**総画数は何画か**、**算用数字**（1、2、3…）で答えなさい。

〈例〉王……（3）何画目（4）総画数

| | 何画目 | 総画数 |
|---|---|---|
| 遺 | 1（　） | 2（　） |
| 域 | 3（　） | 4（　） |
| 延 | 5（　） | 6（　） |
| 我 | 7（　） | 8（　） |
| 革 | 9（　） | 10（　） |
| 危 | 11（　） | 12（　） |
| 吸 | 13（　） | 14（　） |
| 胸 | 15（　） | 16（　） |
| 郷 | 17（　） | 18（　） |
| 警 | 19（　） | 20（　） |
| 裁 | 21（　） | 22（　） |
| 冊 | 23（　） | 24（　） |

目標時間12分

月　日　/24

解答→別冊 P.8

すぐにチェック!!
練習問題④

# 四字の熟語

次の□の**カタカナを漢字**になおし、**一字だけ**書きなさい。

1 大同小□《イ》
2 文化□《イ》産
3 □《ウ》宙《ちゅう》遊泳
4 □《カブ》式会社
5 □《キ》急存《そん》亡《ぼう》
6 質□《ギ》応答
7 酸素□《キュウ》入
8 □《ケイ》老精神
9 時間□《ゲン》守
10 自□《コ》暗示
11 一□《コク》千金
12 難《なん》民救□《サイ》
13 公害対□《サク》
14 公□《シ》混同

目標時間7分

月　日　/14

解答→別冊 P.8

# 5級配当漢字表 5

シ

| | | | | |
|---|---|---|---|---|
| 14 | 磁 | 音 ジ | 石 いしへん | 磁石《じしゃく》・磁気《じき》<br>磁針《じしん》・電磁石《でんじしゃく》 |
| 10 | 射 | 音 シャ<br>訓 い(る) | 寸 すん | 反射《はんしゃ》・注射《ちゅうしゃ》<br>矢《や》を射《い》る |
| 11 | 捨 | 音 シャ<br>訓 す(てる) | 扌 てへん | 取捨《しゅしゃ》・捨《す》て石《いし》<br>捨《す》て印《いん》 |
| 4 | 尺 | 音 シャク | 尸 かばね しかばね | 尺八《しゃくはち》・縮尺《しゅくしゃく》<br>尺度《しゃくど》 |
| 8 | 若 | 音 ジャク(中) ニャク(高)<br>訓 わか(い) も(しくは)(高) | 艹 くさかんむり | 若者《わかもの》・若葉《わかば》<br>若菜《わかな》・若《わか》い |
| 16 | 樹 | 音 ジュ | 木 きへん | 樹液《じゅえき》・街路樹《がいろじゅ》<br>樹氷《じゅひょう》・落葉樹《らくようじゅ》 |
| 4 | 収 | 音 シュウ<br>訓 おさ(める) おさ(まる) | 又 また | 収入《しゅうにゅう》・吸収《きゅうしゅう》<br>風《かぜ》が収《おさ》まる |
| 8 | 宗 | 音 シュウ ソウ(中) | 宀 うかんむり | 宗教《しゅうきょう》・宗派《しゅうは》<br>改宗《かいしゅう》 |
| 12 | 就 | 音 シュウ ジュ(高)<br>訓 つ(く)(中) つ(ける)(中) | 尢 だいのまげあし | 就任《しゅうにん》・就職《しゅうしょく》<br>就航《しゅうこう》・去就《きょしゅう》 |
| 12 | 衆 | 音 シュウ シュ(高) | 血 ち | 民衆《みんしゅう》・観衆《かんしゅう》<br>公衆《こうしゅう》・衆議院《しゅうぎいん》 |
| 10 | 従 | 音 ジュウ ショウ(高) ジュ(高)<br>訓 したが(う) したが(える) | 彳 ぎょうにんべん | 従事《じゅうじ》・従来《じゅうらい》<br>親《おや》に従《したが》う |
| 16 | 縦 | 音 ジュウ<br>訓 たて | 糸 いとへん | 操縦《そうじゅう》・縦走《じゅうそう》<br>縦笛《たてぶえ》・縦書《たてが》き |
| 17 | 縮 | 音 シュク<br>訓 ちぢ(む) ちぢ(まる) ちぢ(める) ちぢ(れる) ちぢ(らす) | 糸 いとへん | 縮図《しゅくず》・短縮《たんしゅく》<br>縮《ちぢ》む・縮《ちぢ》まる |
| 15 | 熟 | 音 ジュク<br>訓 う(れる)(中) | 灬 れんが れっか | 成熟《せいじゅく》・半熟《はんじゅく》<br>熟練《じゅくれん》・熟《じゅく》す |
| 10 | 純 | 音 ジュン | 糸 いとへん | 純金《じゅんきん》・純毛《じゅんもう》<br>単純《たんじゅん》・純白《じゅんぱく》 |
| 5 | 処 | 音 ショ | 几 つくえ | 処理《しょり》・処分《しょぶん》<br>処置《しょち》・対処《たいしょ》 |
| 13 | 署 | 音 ショ | 罒 あみがしら あみめ よこめ | 署名《しょめい》・署長《しょちょう》<br>部署《ぶしょ》 |
| 15 | 諸 | 音 ショ | 言 ごんべん | 諸国《しょこく》・諸君《しょくん》<br>諸島《しょとう》 |

すぐにチェック!!
練習問題 ❶

# 読み

次の――線の**漢字の読み**を**ひらがな**で書きなさい。

目標時間11分

月　日

/22

解答 → 別冊 P.9

1 冷蔵《ぞう》庫に**磁石**をくっつける。

2 病院で**注射**を打ってもらう。

3 情報を正しく**取捨**する。

4 幸せの**尺度**は人それぞれだ。

5 都会に**若者**が集まる。

6 **街路樹**にイチョウの木を植える。

7 テレビ番組を**収録**する。

8 大学で**宗教**学を学ぶ。

9 社長**就任**パーティーに招かれる。

10 週末には**衆議院**選挙が行われる。

11 **従来**のやり方ではうまくいかない。

12 自転車で本州を**縦断**する。

13 今日は午前中だけの**短縮**授業だ。

14 四字**熟語**の意味を調べる。

15 わが子の**純真**な心を大切にする。

16 てきぱきと物事を**処理**する。

17 書類に**署名**して提出する。

18 学生**諸君**の健闘《とう》をいのる。

19 的に向かって矢を**射**る。

20 未来のために自ら**捨**て石になる。

21 音楽の時間に**縦笛**を習う。

22 金色の**縮**れ毛が日にかがやく。

すぐにチェック!!
練習問題❷

# 書き取り

次の――線の**カタカナ**を**漢字**になおしなさい。

目標時間11分

月 日 /22

解答→別冊 P.9

1 時計がジキをおびてしまった。

2 光が鏡に当たってハンシャする。

3 小数点以下はシシャ五入する。

4 シャクハチの音色が聞こえる。

5 ワカいうちに多くの経験を積む。

6 市民ショクジュ祭が行われた。

7 転職してシュウニュウが増えた。

8 キリスト教にカイシュウする。

9 希望の会社にシュウショクが決まる。

10 集まったカンシュウに芸を見せる。

11 この犬はジュウジュンでおとなしい。

12 北アルプスの山山をジュウソウする。

13 画像のサイズをシュクショウする。

14 庭のももの実がジュクしてきた。

15 あまりにタンジュンな考えだ。

16 着なくなった洋服をショブンする。

17 一日警察ショチョウを務める。

18 ショコクを旅してまわる。

19 ようやく風がオサまってきた。

20 「老いては子にシタガえ」と言われる。

21 写真のタテヨコの向きを変える。

22 寒さに思わず身をチヂめる。

すぐにチェック!!
練習問題③

# 同じ読みの漢字

次の——線の**カタカナ**を**漢字**になおしなさい。

1 ついに味方が勝利を**オサ**めた。

2 徳により国を**オサ**める。

3 **シュウ**業時間内に仕事を終える。

4 電車が**シュウ**点の駅に着く。

5 接客の仕事に**ジュウ**事する。

6 祖父は**ジュウ**人兄弟だった。

7 小《お》笠《がさ》原《わら》**ショ**島は東京の一部だ。

8 朝起きると最**ショ**に歯をみがく。

目標時間4分

月　日

8

解答→別冊 P.9

すぐにチェック!!
練習問題④

# 部首と部首名

次の漢字の**部首**と**部首名**を後の□の中から選び、**記号**で答えなさい。

| | 射 | 尺 | 宗 | 衆 |
|---|---|---|---|---|
| 部首 | 1 | 3 | 5 | 7 |
| 部首名 | 2 | 4 | 6 | 8 |

| | 収 | 熟 | 純 | 署 |
|---|---|---|---|---|
| 部首 | 9 | 11 | 13 | 15 |
| 部首名 | 10 | 12 | 14 | 16 |

**部首の選択肢**

あ 糸　い 尸　う 宀　え 又　お 罒　か 寸　き 血　く 灬

**部首名の選択肢**

ア ち
イ あみがしら・あみめ・よこめ
ウ また
エ れんが・れっか
オ すん
カ いとへん
キ うかんむり
ク かばね・しかばね

目標時間8分

月　日

16

解答→別冊 P.9

# 5級配当漢字表 6

| 漢字 | 画数 | 音 | 訓 | 部首 | 用例 |
|---|---|---|---|---|---|
| シ | | | | | |
| 除 | 10 | ジョ、ジ(中) | のぞ(く) | 阝 こざとへん | 解除《かいじょ》・除幕《じょまく》、不安《ふあん》を除《のぞ》く |
| 承 | 8 | ショウ | うけたまわ(る)(中) | 手 て | 承知《しょうち》・承服《しょうふく》、伝承《でんしょう》 |
| 将 | 10 | ショウ | | 寸 すん | 将来《しょうらい》・武将《ぶしょう》、主将《しゅしょう》・将軍《しょうぐん》 |
| 傷 | 13 | ショウ | きず、いた(む)(中)、いた(める)(中) | 亻 にんべん | 重傷《じゅうしょう》・負傷《ふしょう》、傷口《きずぐち》・傷《きず》つく |
| 障 | 14 | ショウ | さわ(る)(高) | 阝 こざとへん | 故障《こしょう》・障害《しょうがい》、支障《ししょう》・障子《しょうじ》 |
| 蒸 | 13 | ジョウ | む(す)(中)、む(れる)(中)、む(らす)(中) | 艹 くさかんむり | 蒸発《じょうはつ》・蒸気《じょうき》、水蒸気《すいじょうき》 |
| 針 | 10 | シン | はり | 金 かねへん | 方針《ほうしん》・針葉樹《しんようじゅ》、針金《はりがね》 |
| 仁 | 4 | ジン、ニ(中) | | 亻 にんべん | 仁愛《じんあい》・仁義《じんぎ》、仁術《じんじゅつ》 |
| ス | | | | | |
| 垂 | 8 | スイ | た(れる)、た(らす) | 土 つち | 垂直《すいちょく》・垂《た》れ目《め》、雨垂《あまだ》れ |
| 推 | 11 | スイ | お(す)(中) | 扌 てへん | 推理《すいり》・推定《すいてい》、推移《すいい》・推測《すいそく》 |
| 寸 | 3 | スン | | 寸 すん | 寸前《すんぜん》・寸断《すんだん》、寸劇《すんげき》・原寸《げんすん》 |
| セ | | | | | |
| 盛 | 11 | セイ(中)、ジョウ(高) | も(る)、さか(る)(中)、さか(ん)(中) | 皿 さら | 山盛《やまも》り、目盛《めも》り |
| 聖 | 13 | セイ | | 耳 みみ | 聖火《せいか》・神聖《しんせい》、聖歌隊《せいかたい》・聖書《せいしょ》 |
| 誠 | 13 | セイ | まこと(中) | 言 ごんべん | 誠意《せいい》・誠実《せいじつ》、忠誠《ちゅうせい》 |
| 舌 | 6 | ゼツ(中) | した | 舌 した | 舌先《したさき》・舌打《したう》ち、舌《した》つづみ |
| 宣 | 9 | セン | | 宀 うかんむり | 宣言《せんげん》・宣伝《せんでん》、宣告《せんこく》 |

すぐにチェック!!
練習問題 ①

# 読み

次の——線の**漢字の読み**を**ひらがな**で書きなさい。

目標時間11分

月　日　/22

解答→別冊 P.10

1 浴室のカビを除去する。（　　）

2 郷土の芸事を伝承する。（　　）

3 サッカーチームの主将に選ばれる。（　　）

4 負傷者が病院に運ばれる。（　　）

5 国民の安全を保障する。（　　）

6 蒸気機関車の写真をとる。（　　）

7 グアム島に向けて針路を取る。（　　）

8 仁義を重んじる人物だ。（　　）

9 横線に対して垂直な線を引く。（　　）

10 街の美化運動を推進する。（　　）

11 大雪で道路が寸断される。（　　）

12 フルーツを皿に盛る。（　　）

13 毎日ねる前に聖書を読んでいる。（　　）

14 誠意ある対応を求める。（　　）

15 ごちそうに舌つづみを打つ。（　　）

16 競技会の開会宣言を行う。（　　）

17 承服しかねる要求だ。（　　）

18 商品を点検して不良品を除く。（　　）

19 寒い日には古傷がいたむ。（　　）

20 針仕事は目がつかれる。（　　）

21 妹は垂れ目でやさしい印象だ。（　　）

22 ごはんを山盛りにする。（　　）

すぐにチェック!! 練習問題 ❷

# 書き取り

次の——線のカタカナを漢字になおしなさい。

目標時間11分

月　日　/22

解答 → 別冊 P.10

1 ヤギによる**ジョウソウ**が話題だ。

2 無理を**ショウチ**で仕事をたのむ。

3 **ショウライ**は学校の先生になりたい。

4 幸いけがは**ケイショウ**ですんだ。

5 エアコンが**コショウ**してしまった。

6 池の水が**ジョウハツ**する。

7 時計の**タンシン**が十二時を指す。

8 医は**ジンジュツ**といわれる。

9 汗《あせ》の滴《しずく》が額から**タ**れる。

10 事件の真犯人を**スイリ**する。

11 しめ切り**スンゼン**に提出する。

12 細かい**メモ**りのついた温度計を買う。

13 教会の**セイカタイ**に入りたい。

14 **セイジツ**な性質がにじみ出ている。

15 弟は残念そうに**シタウ**ちした。

16 **センデン**の効果がみられない。

17 オリンピックの**セイカ**ランナーだ。

18 具合が悪く仕事に**シショウ**をきたす。

19 **シタサキ**だけの信用できない人だ。

20 **ハリガネ**でバスケットを作る。

21 屋根から**アマダ**れが落ちる。

22 **ゲンスン**大に写真を引きのばす。

すぐにチェック!!
練習問題 ③

## 同じ読みの漢字

次の——線の**カタカナ**を**漢字**になおしなさい。

目標時間4分　月　日　/8

解答→別冊 P.10

1 鏡についた汚《よご》れを取り**ノゾ**く。

2 **ノゾ**むものは何でも手に入る。

3 **シン**身ともに健康であると自負する。

4 今後の方**シン**を話し合う。

5 夜間に**スイ**道管の工事を行う。

6 事態の**スイ**移を見守っている。

7 **セイ**火台に火がともされる。

8 世界初の実験は見事に**セイ**功した。

---

すぐにチェック!!
練習問題 ④

## 部首と部首名

次の漢字の**部首**と**部首名**を後の□の中から選び、**記号**で答えなさい。

目標時間8分　月　日　/16

解答→別冊 P.10

| | 除 | 承 | 蒸 | 針 |
|---|---|---|---|---|
| 部首 | 1 | 3 | 5 | 7 |
| 部首名 | 2 | 4 | 6 | 8 |

| | 垂 | 寸 | 聖 | 宣 |
|---|---|---|---|---|
| 部首 | 9 | 11 | 13 | 15 |
| 部首名 | 10 | 12 | 14 | 16 |

**部首の選択肢**

| あ | い | う | え | お | か | き | く |
|---|---|---|---|---|---|---|---|
| 耳 | 土 | 阝 | 手 | 釒 | 寸 | 宀 | 艹 |

**部首名の選択肢**

ア こざとへん
イ かねへん
ウ すん
エ みみ
オ つち
カ て
キ くさかんむり
ク うかんむり

# 5級配当漢字表 7



## セ

### 専（9画）
- 音：セン
- 訓：もっぱ(ら)中
- 部首：寸（すん）
- 専用《せんよう》・専門《せんもん》
- 専念《せんねん》

### 泉（9画）
- 音：セン
- 訓：いずみ
- 部首：水（みず）
- 温泉《おんせん》・源泉《げんせん》
- 泉《いずみ》が湧《わ》く

### 洗（9画）
- 音：セン
- 訓：あら(う)
- 部首：氵（さんずい）
- 洗車《せんしゃ》・水洗《すいせん》
- 洗顔《せんがん》・皿洗《さらあら》い

### 染（9画）
- 音：セン中
- 訓：そ(める)　そ(まる)　し(みる)高　し(み)高
- 部首：木（き）
- 染《そ》め物《もの》
- 悪《あく》に染《そ》まる

### 銭（14画）
- 音：セン
- 訓：ぜに中
- 部首：金（かねへん）
- 銭湯《せんとう》・金銭《きんせん》
- つり銭《せん》

### 善（12画）
- 音：ゼン
- 訓：よ(い)
- 部首：口（くち）
- 親善《しんぜん》・改善《かいぜん》
- 善《よ》い政治《せいじ》

## ソ

### 奏（9画）
- 音：ソウ
- 訓：かな(でる)高
- 部首：大（だい）
- 演奏《えんそう》・独奏《どくそう》
- 合奏《がっそう》・演奏会《えんそうかい》

### 窓（11画）
- 音：ソウ
- 訓：まど
- 部首：穴（あなかんむり）
- 車窓《しゃそう》・窓外《そうがい》
- 窓辺《まどべ》・窓口《まどぐち》

### 創（12画）
- 音：ソウ
- 訓：つく(る)
- 部首：刂（りっとう）
- 創業《そうぎょう》・創立《そうりつ》
- 独創《どくそう》・創設《そうせつ》

### 装（12画）
- 音：ソウ　ショウ中
- 訓：よそお(う)高
- 部首：衣（ころも）
- 装置《そうち》・服装《ふくそう》
- 包装《ほうそう》・装備《そうび》

### 層（14画）
- 音：ソウ
- 部首：尸（かばね　しかばね）
- 高層《こうそう》・地層《ちそう》
- 断層《だんそう》・階層《かいそう》

### 操（16画）
- 音：ソウ
- 訓：あやつ(る)中　みさお高
- 部首：扌（てへん）
- 操作《そうさ》・体操《たいそう》
- 情操《じょうそう》・操縦《そうじゅう》

### 蔵（15画）
- 音：ゾウ
- 訓：くら中
- 部首：艹（くさかんむり）
- 秘蔵《ひぞう》・土蔵《どぞう》
- 貯蔵《ちょぞう》・冷蔵《れいぞう》

### 臓（19画）
- 音：ゾウ
- 部首：月（にくづき）
- 臓器《ぞうき》・心臓《しんぞう》
- 内臓《ないぞう》

### 存（6画）
- 音：ソン　ゾン
- 部首：子（こ）
- 存在《そんざい》・存分《ぞんぶん》
- 保存《ほぞん》

### 尊（12画）
- 音：ソン
- 訓：たっと(い)　とうと(い)　たっと(ぶ)　とうと(ぶ)
- 部首：寸（すん）
- 尊敬《そんけい》・尊重《そんちょう》
- 尊《たっと・とうと》い命《いのち》

## タ

### 退（9画）
- 音：タイ
- 訓：しりぞ(く)　しりぞ(ける)
- 部首：辶（しんにょう　しんにゅう）
- 後退《こうたい》・引退《いんたい》
- 地位《ちい》を退《しりぞ》く

### 宅（6画）
- 音：タク
- 部首：宀（うかんむり）
- 帰宅《きたく》・住宅《じゅうたく》
- 宅配《たくはい》・自宅《じたく》

すぐにチェック!!
練習問題①

# 読み

次の——線の**漢字の読み**を**ひらがな**で書きなさい。

目標時間11分

月　日

/22

解答→別冊 P.11

1 **専門**家の意見が聞きたい。

2 **源泉**そのままの湯につかる。

3 ガソリンスタンドで**洗車**する。

4 白いシャツを青く**染**める。

5 店員からつり**銭**を受け取る。

6 市の観光**親善**大使に任命される。

7 ステージでピアノを**演奏**する。

8 **窓外**に美しい景色が広がる。

9 仕事をしながら**創作**活動をする。

10 入室前に**服装**を整える。

11 **高層**ビルのオフィスで働く。

12 毎朝ラジオにあわせて**体操**する。

13 **冷蔵庫**の中が空っぽだ。

14 びっくりして**心臓**がドキドキする。

15 大切なデータをメモリに**保存**する。

16 祖先を**尊**ぶ心を持っている。

17 大臣の地位を**退**く。

18 新興**住宅**地に家を建てる。

19 日ごろから**善**い行いを心がける。

20 銀行の**窓口**でお金をおろす。

21 子供たちが新しい未来を**創**る。

22 本校では**情操**教育を重視している。

すぐにチェック!!
練習問題❷

## 書き取り

次の――線の**カタカナ**を**漢字**になおしなさい。

目標時間11分

月　日　／22

解答→別冊 P.11

1 今は学業に**センネン**したい。
2 ゆっくり**オンセン**につかりたい。
3 冷水で**センガン**してさっぱりする。
4 代々続く**ソ**め物屋がある。
5 入浴料を払って**セントウ**に入る。
6 生活態度を**カイゼン**する。
7 **ガッソウ**コンクールで入賞を目指す。
8 **シャソウ**から海をながめる。
9 **ドクソウ**的な発想を求める。
10 当日は**ケイソウ**でおこしください。

11 古い**チソウ**から化石が見つかる。
12 リモコンで機械を**ソウサ**する。
13 ワインを冷暗所に**チョゾウ**する。
14 **ゾウキ**提供の意思を示す。
15 愛犬は特別な**ソンザイ**だ。
16 両親を**ソンケイ**している。
17 今日は父の**インタイ**試合の日だ。
18 天気が悪いので急いで**キタク**する。
19 **イズミ**の水をくんで飲む。
20 **サラアラ**いのアルバイトをする。
21 「**ゼン**は急げ」とすぐに行動する。
22 **マドガワ**の席を希望する。

すぐにチェック!!
練習問題 ❸

# 同じ読みの漢字

次の――線の**カタカナ**を**漢字**になおしなさい。

目標時間4分

月 日 /8

解答→別冊 P.11

1 徒競ソウで一番になった。

2 フルートの独ソウ会を開いた。

3 常にソウ造的な仕事をする。

4 空ソウ上の動物をえがく。

5 人間のゾウ器の働きを調べる。

6 バッテリーを内ゾウしている。

7 相手の気持ちをソン重する。

8 住んでいる県の市町ソンの数を調べる。

すぐにチェック!!
練習問題 ❹

# 部首と部首名

次の漢字の**部首**と**部首名**を後の□の中から選び、**記号**で答えなさい。

目標時間8分

月 日 /16

解答→別冊 P.11

| | 泉 | 染 | 奏 | 窓 |
|---|---|---|---|---|
| 部首 | 1 | 3 | 5 | 7 |
| 部首名 | 2 | 4 | 6 | 8 |

| | 創 | 操 | 存 | 尊 |
|---|---|---|---|---|
| 部首 | 9 | 11 | 13 | 15 |
| 部首名 | 10 | 12 | 14 | 16 |

**部首の選択肢**

あ 刂　い 子　う 大　え 穴　お 寸　か 水　き 扌　く 木

**部首名の選択肢**

ア こ　イ てへん　ウ みず　エ あなかんむり　オ だい　カ き　キ りっとう　ク すん

# 5級配当漢字表 8



| 行 | 漢字 | 画数 | 音 | 訓 | 部首 | 部首名 | 用例 |
|---|---|---|---|---|---|---|---|
| タ | 担 | 8 | タン | かつ(ぐ)㊭、にな(う)㊭ | 扌 | てへん | 担当《たんとう》・担任《たんにん》、負担《ふたん》・分担《ぶんたん》 |
| | 探 | 11 | タン | さが(す)、さぐ(る)㊥ | 扌 | てへん | 探訪《たんぼう》・探検《たんけん》、家《いえ》を探《さが》す |
| | 誕 | 15 | タン | | 言 | ごんべん | 誕生《たんじょう》・生誕《せいたん》、降誕《こうたん》 |
| | 段 | 9 | ダン | | 殳 | るまた、ほこづくり | 階段《かいだん》・手段《しゅだん》、段落《だんらく》・石段《いしだん》 |
| | 暖 | 13 | ダン | あたた(か)、あたた(かい)、あたた(まる)、あたた(める) | 日 | ひへん | 温暖《おんだん》・暖流《だんりゅう》、暖《あたた》かい気候《きこう》 |
| チ | 値 | 10 | チ | ね、あたい㊥ | 亻 | にんべん | 価値《かち》・値段《ねだん》、値上《ねあ》がり |
| | 宙 | 8 | チュウ | | 宀 | うかんむり | 宙返《ちゅうがえ》り、宇宙《うちゅう》 |
| | 忠 | 8 | チュウ | | 心 | こころ | 忠実《ちゅうじつ》・忠言《ちゅうげん》、忠告《ちゅうこく》・忠義《ちゅうぎ》 |
| | 著 | 11 | チョ | あらわ(す)㊥、いちじる(しい)㊥ | 艹 | くさかんむり | 著者《ちょしゃ》・著名《ちょめい》、名著《めいちょ》 |
| | 庁 | 5 | チョウ | | 广 | まだれ | 庁舎《ちょうしゃ》・官庁《かんちょう》、県庁《けんちょう》・気象庁《きしょうちょう》 |
| | 頂 | 11 | チョウ | いただき、いただ(く) | 頁 | おおがい | 頂上《ちょうじょう》・山《やま》の頂《いただき》、物《もの》を頂《いただ》く |
| | 腸 | 13 | チョウ | | 月 | にくづき | 胃腸《いちょう》・小腸《しょうちょう》、大腸《だいちょう》 |
| | 潮 | 15 | チョウ | しお | 氵 | さんずい | 満潮《まんちょう》・風潮《ふうちょう》、潮風《しおかぜ》・黒潮《くろしお》 |
| | 賃 | 13 | チン | | 貝 | かい、こがい | 賃金《ちんぎん》・賃貸《ちんたい》、運賃《うんちん》 |
| ツ | 痛 | 12 | ツウ | いた(い)、いた(む)、いた(める) | 疒 | やまいだれ | 苦痛《くつう》・頭痛《ずつう》、痛感《つうかん》・痛切《つうせつ》、痛《いた》む・痛手《いたで》 |
| テ | 敵 | 15 | テキ | かたき㊥ | 攵 | のぶん、ぼくづくり | 敵意《てきい》・敵国《てきこく》、強敵《きょうてき》 |
| | 展 | 10 | テン | | 尸 | かばね、しかばね | 展開《てんかい》・個展《こてん》、展示《てんじ》・発展《はってん》 |
| ト | 討 | 10 | トウ | う(つ)㊥ | 言 | ごんべん | 討議《とうぎ》・討論《とうろん》、検討《けんとう》 |

すぐにチェック!!
練習問題 ❶

# 読み

次の――線の**漢字の読み**を**ひらがな**で書きなさい。

目標時間11分

月　日　/22

解答→別冊 P.12

1 五年生のクラスの**担任**になる。

2 月面**探査**機を打ち上げる。

3 キリスト**生誕**の場面がえがかれる。

4 目的のためには**手段**を選ばない男だ。

5 **暖流**に乗ってイカが北上する。

6 **価値**ある一勝をもぎ取った。

7 選手が軽軽と**宙返**りをする。

8 食生活について**忠告**を受ける。

9 **著名**な書道家の書をかざる。

10 市役所の新**庁舎**が建つ。

11 山の**頂上**で弁当を食べる。

12 **小腸**によいとされる食品だ。

13 海辺は**潮風**が気持ちいい。

14 **賃金**に不満があり転職する。

15 楽しく**痛快**なストーリーだ。

16 相手に**敵意**は全くない。

17 箱の**展開**図を書く。

18 ぜひ参加をご**検討**ください。

19 足の古い傷が**痛**む。

20 サイズの合う服を**探**す。

21 部屋の中で**暖**かく過ごす。

22 はげましの言葉を**頂**く。

すぐにチェック!!
練習問題❷

# 書き取り

次の——線のカタカナを漢字になおしなさい。

目標時間11分

月　日　/22

解答→別冊P.12

1 忘《ぼう》年会の費用を会社がフタンする。

2 みんなで森の中をタンケンする。

3 初孫のタンジョウを祝う。

4 非常カイダンの場所を確かめる。

5 オンダンな地でミカン作りをする。

6 血液検査のスウチが良くなる。

7 ウチュウ旅行が現実になりつつある。

8 自らの職務にチュウジツでありたい。

9 そのチョシャの本は必ず読んでいる。

10 兄は春からケンチョウで働く。

11 ついに組織のチョウテンに立った。

12 母はダイチョウの手術をした。

13 カンチョウ時に浜《はま》でアサリをとる。

14 地下鉄のウンチンが上がった。

15 天候不順で農家がイタデを受ける。

16 決勝では一番のキョウテキと戦う。

17 町のハッテンのためにつくす。

18 会社の方針についてトウギする。

19 クロシオは日本海流ともいう。

20 食品がいっせいにネアがりする。

21 中古品をヤスネで手に入れる。

22 山のイタダキから町を見下ろす。

すぐにチェック!! 練習問題 ③

# 同じ読みの漢字

次の——線の**カタカナ**を**漢字**になおしなさい。

1 キャンプで料理を**タン**当する。

2 兄は**タン**気な性格をしている。

3 春先は寒**ダン**の差が大きい。

4 立体の**ダン**面の面積を計算する。

5 相手の言い**ネ**で買う。

6 しっかりと**ネ**を張って生きる。

7 **テン**示物にはふれないでください。

8 自分の欠**テン**を直そうと努力する。

目標時間4分

月　日　/8

解答 → 別冊 P.12

すぐにチェック!! 練習問題 ④

# 部首と部首名

次の漢字の**部首**と**部首名**を後の□の中から選び、**記号**で答えなさい。

| | 誕 | 段 | 忠 | 庁 |
|---|---|---|---|---|
| 部首 | 1 | 3 | 5 | 7 |
| 部首名 | 2 | 4 | 6 | 8 |

| | 宙 | 痛 | 展 | 頂 |
|---|---|---|---|---|
| 部首 | 9 | 11 | 13 | 15 |
| 部首名 | 10 | 12 | 14 | 16 |

目標時間8分

月　日　/16

解答 → 別冊 P.12

**部首の選択肢**

あ 心　い 言　う 疒　え 頁　お 殳　か 宀　き 尸　く 广

**部首名の選択肢**

ア ごんべん
イ やまいだれ
ウ かばね・しかばね
エ こころ
オ おおがい
カ まだれ
キ うかんむり
ク るまた・ほこづくり

すぐにチェック!! 練習問題①

## 漢字と送りがな

次の――線の**カタカナ**の部分を**漢字一字と送りがな（ひらがな）**になおしなさい。

目標時間4分

月　日　/8

解答→別冊 P.13

1 不要なものを**ステル**。

2 **ワカイ**力を求めている。

3 王が多くの部族を**シタガエル**。

4 友人との間が**チヂマル**。

5 川につり糸を**タラス**。

6 晴れた日にカーテンを**アラウ**。

7 家でできる仕事を**サガス**。

8 はずかしくて、ほおを**ソメル**。

すぐにチェック!! 練習問題②

## 対義語・類義語

次の□の**ひらがな**を**対義語**（↕）、**類義語**（＝）になるよう**漢字**になおしなさい。

目標時間6分

月　日　/12

解答→別冊 P.13

1 選別＝取□《しゃ》

2 支出↕□《しゅう》入

3 辞任↕□《しゅう》任

4 横断↕□《じゅう》断

5 始末＝□《しょ》理

6 広告＝□《せん》伝

7 改良＝改□《ぜん》

8 保管＝保□《ぞん》

9 重荷＝負□《たん》

10 寒冷↕温□《だん》

11 助言＝□《ちゅう》告

12 快楽↕苦□《つう》

すぐにチェック!!
練習問題❸

# 画数

次の漢字の**赤い画**のところは**筆順の何画目か**、また**総画数は何画か**、**算用数字**（1、2、3…）で答えなさい。

〈例〉王……（3）（4）
何画目　総画数

| 漢字 | 何画目 | 総画数 |
|---|---|---|
| 射 | 1（　） | 2（　） |
| 若 | 3（　） | 4（　） |
| 衆 | 5（　） | 6（　） |
| 将 | 7（　） | 8（　） |
| 蒸 | 9（　） | 10（　） |
| 垂 | 11（　） | 12（　） |
| 推 | 13（　） | 14（　） |
| 善 | 15（　） | 16（　） |
| 装 | 17（　） | 18（　） |
| 誕 | 19（　） | 20（　） |
| 段 | 21（　） | 22（　） |
| 純 | 23（　） | 24（　） |

目標時間12分

月　日　/24

解答→別冊 P.13

すぐにチェック!!
練習問題❹

# 四字の熟語

次の□の**カタカナ**を**漢字**になおし、**一字**だけ書きなさい。

1 条件反□《シャ》

2 四□《シャ》五入

3 臨時□《シュウ》入

4 □《シュウ》職活動

5 問題□《ショ》理

6 □《ジョ》雪作業

7 □《ジョウ》気機関

8 □《スイ》理小説

9 □《セイ》人君子

10 開会□《セン》言

11 国際親□《ゼン》

12 □《ソウ》立記念

13 器械体□《ソウ》

14 負□《タン》軽減

目標時間7分

月　日　/14

解答→別冊 P.13

# 5級配当漢字表 9

| 索引 | 画数 | 漢字 | 音 | 訓 | 部首 | 用例 |
| --- | --- | --- | --- | --- | --- | --- |
| ト | 10 | 党 | トウ | | 儿 ひとあし にんにょう | 政党《せいとう》・党首《とうしゅ》 悪党《あくとう》・党派《とうは》 |
| | 16 | 糖 | トウ | | 米 こめへん | 糖分《とうぶん》・砂糖《さとう》 果糖《かとう》 |
| | 8 | 届 | | とど(ける) とど(く) | 尸 かばね しかばね | 届《とど》け出《で》 無《む》届《とど》け |
| ナ | 18 | 難 | ナン | むずか(しい) かた(い)(高) | 隹 ふるとり | 難問《なんもん》・困難《こんなん》 難《むずか》しい問題《もんだい》 |
| ニ | 8 | 乳 | ニュウ | ちち ち(中) | し おつ | 牛乳《ぎゅうにゅう》・乳歯《にゅうし》 乳《ちち》を飲《の》む |
| | 14 | 認 | ニン(中) | みと(める) | 言 ごんべん | 人格《じんかく》を認《みと》める 認《みと》め印《いん》 |
| ノ | 10 | 納 | ノウ ナッ(中) トウ(中) ナ(高) ナン(高) | おさ(める) おさ(まる) | 糸 いとへん | 納入《のうにゅう》・納税《のうぜい》 仕事《しごと》納《おさ》め |
| | 11 | 脳 | ノウ | | 月 にくづき | 首脳《しゅのう》・頭脳《ずのう》 脳波《のうは》・大脳《だいのう》 |
| ハ | 9 | 派 | ハ | | 氵 さんずい | 立派《りっぱ》・派手《はで》 特派員《とくはいん》・派生《はせい》 |
| | 8 | 拝 | ハイ | おが(む) | 扌 てへん | 拝見《はいけん》・参拝《さんぱい》 神様《かみさま》を拝《おが》む |
| | 9 | 背 | ハイ | せ せい そむ(く)(中) そむ(ける)(中) | 肉 にく | 背景《はいけい》・背泳《はいえい》 背中《せなか》・背負《せお》う |
| | 9 | 肺 | ハイ | | 月 にくづき | 肺呼吸《はいこきゅう》 肺活量《はいかつりょう》・片肺《かたはい》 |
| | 10 | 俳 | ハイ | | 亻 にんべん | 俳句《はいく》・俳優《はいゆう》 俳人《はいじん》 |
| | 10 | 班 | ハン | | 王 おうへん たまへん | 班長《はんちょう》・班別《はんべつ》 各班《かくはん》 |
| | 12 | 晩 | バン | | 日 ひへん | 晩秋《ばんしゅう》・毎晩《まいばん》 今晩《こんばん》・晩春《ばんしゅん》 |

すぐにチェック!!
練習問題 1

# 読み

次の——線の**漢字の読み**を**ひらがな**で書きなさい。

目標時間11分

月　日

/22

解答 → 別冊 P.14

1 アメリカは二大**政党**制である。

2 **糖分**の多い飲み物をひかえる。

3 学校には欠席の**届**け出をする。

4 困**難**な課題に取り組む。

5 **乳歯**が全部生え変わった。

6 社内文書に**認**め印をおす。

7 入会金と年会費を**納入**する。

8 日米**首脳**会談が行われた。

9 **立派**な箱に入った果物がとどく。

10 先生の絵を**拝見**する機会があった。

11 事件の**背景**をさぐる。

12 **肺**の病気にかかって入院する。

13 名高い**俳人**の教えを受ける。

14 **班**ごとに行動してください。

15 **毎晩**予習復習をしている。

16 **難**しい問題に頭をかかえる。

17 母親が赤ちゃんに**母乳**をあたえる。

18 頭痛がするので**脳波**検査を受けた。

19 家族で初日の出を**拝**む。

20 息子《むすこ》が父の**背中**を流す。

21 **今晩**はかなり冷えるようだ。

22 **各班**が公園に集合している。

すぐにチェック!!
練習問題②

# 書き取り

次の——線の**カタカナ**を**漢字**になおしなさい。

目標時間11分

月　日

/22

解答→別冊 P.14

1 世にはびこる**アクトウ**をたおす。

2 コーヒーに**サトウ**とミルクを入れる。

3 母から荷物が**トド**く。

4 まだまだ**ナンモン**が山積みだ。

5 毎朝**ギュウニュウ**を飲む。

6 相手の実力を**ミト**める。

7 **ノウゼイ**の義務を果たす。

8 すばらしい**ズノウ**の持ち主だ。

9 **ハデ**な顔立ちに似合う服を着る。

10 近所の神社に**サンパイ**する。

11 **セスジ**をぴんとのばす。

12 **ハイカツリョウ**を測定する。

13 **ハイク**は世界で一番短い詩だ。

14 職場で**ハンチョウ**を任される。

15 **バンシュン**の京都を歩く。

16 牛の**チチ**しぼりを体験する。

17 仕事**オサ**めの日に忘《ぼう》年会を開く。

18 **トクハイン**が現地の情報を発信する。

19 兄は家族で一番**ウワゼイ**がある。

20 **ハイ**優《ゆう》を目指して勉強中だ。

21 国会で**トウシュ**討論《ろん》が開かれる。

22 バタフライと**ハイエイ**の練習をする。

すぐにチェック!! 練習問題 ❸

# 同じ読みの漢字

次の――線の**カタカナ**を**漢字**になおしなさい。

目標時間4分

月 日 /8

解答 → 別冊 P.14

1 町内会費を**オサ**める。

2 ドイツの大学で医学を**オサ**める。

3 京都の寺を**ハイ**観する。

4 荷物を家まで**ハイ**達してもらう。

5 流氷は**バン**冬の風物詩だ。

6 自分の出**バン**が来るまで待機する。

7 紅《こう》茶に砂**トウ**をいれる。

8 政**トウ**に所属しない議員もいる。

---

すぐにチェック!! 練習問題 ❹

# 部首と部首名

次の漢字の**部首**と**部首名**を後の□の中から選び、**記号**で答えなさい。

目標時間8分

月 日 /16

解答 → 別冊 P.14

| | 難 | 乳 | 派 | 背 |
|---|---|---|---|---|
| 部首 | 1 | 3 | 5 | 7 |
| 部首名 | 2 | 4 | 6 | 8 |

| | 班 | 晩 | 届 | 党 |
|---|---|---|---|---|
| 部首 | 9 | 11 | 13 | 15 |
| 部首名 | 10 | 12 | 14 | 16 |

**部首の選択肢**

あ 乚　い 肉　う 儿　え 日　お 隹　か 尸　き 王　く 氵

**部首名の選択肢**

ア ひへん
イ ふるとり
ウ おうへん・たまへん
エ ひとあし・にんにょう
オ にく
カ かばね・しかばね
キ さんずい
ク おつ

# 5級配当漢字表 10

| 漢字 | 画数 | 音 | 訓 | 部首 | 用例 |
| --- | --- | --- | --- | --- | --- |
| ヒ 否 | 7 | ヒ | いな(高) | 口 くち | 否決《ひけつ》・賛否《さんぴ》 否定《ひてい》・可否《かひ》 |
| 批 | 7 | ヒ | | 扌 てへん | 批難《ひなん》・批評《ひひょう》 批判《ひはん》 |
| 秘 | 10 | ヒ | ひ(める)(中) | 禾 のぎへん | 秘密《ひみつ》・秘蔵《ひぞう》 神秘《しんぴ》・秘境《ひきょう》 |
| 俵 | 10 | ヒョウ | たわら | 亻 にんべん | 土俵《どひょう》・米俵《こめだわら》 炭俵《すみだわら》 |
| フ 腹 | 13 | フク | はら | 月 にくづき | 満腹《まんぷく》・腹筋《ふっきん》 腹黒《はらぐろ》い |
| 奮 | 16 | フン | ふる(う) | 大 だい | 奮起《ふんき》・興奮《こうふん》 奮《ふる》い立《た》つ |
| ヘ 並 | 8 | ヘイ(中) | なみ なら(ぶ) なら(べる) なら(びに) | 一 いち | 並木《なみき》・山並《やまな》み 机《つくえ》を並《なら》べる |
| 陛 | 10 | ヘイ | | 阝 こざとへん | 陛下《へいか》 天皇陛下《てんのうへいか》 |
| 閉 | 11 | ヘイ | と(じる) し(める) し(まる) と(ざす)(中) | 門 もんがまえ | 閉店《へいてん》・開閉《かいへい》 閉《と》じる・閉《し》まる |
| 片 | 4 | ヘン(中) | かた | 片 かた | 片道《かたみち》・片方《かたほう》 片《かた》づける |
| ホ 補 | 12 | ホ | おぎな(う) | 衤 ころもへん | 補欠《ほけつ》・候補《こうほ》 説明《せつめい》を補《おぎな》う |
| 暮 | 14 | ボ(中) | く(れる) く(らす) | 日 ひ | 年《とし》の暮《く》れ 楽《たの》しく暮《く》らす |
| 宝 | 8 | ホウ | たから | 宀 うかんむり | 宝石《ほうせき》・国宝《こくほう》 宝物《たからもの》・宝船《たからぶね》 |
| 訪 | 11 | ホウ | たず(ねる) おとず(れる)(中) | 言 ごんべん | 訪問《ほうもん》・歴訪《れきほう》 友《とも》を訪《たず》ねる |
| 亡 | 3 | ボウ モウ(高) | な(い)(高) | 亠 なべぶた けいさんかんむり | 亡命《ぼうめい》・亡夫《ぼうふ》 死亡《しぼう》・興亡《こうぼう》 |
| 忘 | 7 | ボウ(中) | わす(れる) | 心 こころ | 忘《わす》れ物《もの》 物忘《ものわす》れ |
| 棒 | 12 | ボウ | | 木 きへん | 鉄棒《てつぼう》・相棒《あいぼう》 心棒《しんぼう》・棒読《ぼうよ》み |
| マ 枚 | 8 | マイ | | 木 きへん | 枚数《まいすう》・枚挙《まいきょ》 一枚《いちまい》 |

すぐにチェック!!
練習問題 ①

# 読み

次の――線の**漢字の読み**を**ひらがな**で書きなさい。

目標時間 11 分

月　日

/22

解答 → 別冊 P.15

1 開発計画の**賛否**を住民に問う。

2 作文を友人に**批評**してもらう。

3 世界の**秘境**を旅する。

4 **米俵**をひょいと運ぶ力自慢《まん》だ。

5 **満腹**になるとねむくなる。

6 新入社員の**奮起**をうながす。

7 ポプラの**並木**道を散歩する。

8 天皇**陛下**が海外を訪問される。

9 **閉館**のアナウンスが流れる。

10 実家まで**片道**二時間ほどかかる。

11 参院選の**候補**者が街頭演説をする。

12 春から一人**暮**らしをする。

13 山と海に囲まれた食材の**宝庫**だ。

14 首相がアジア各国を**歴訪**する。

15 飲酒の**死亡**リスクを研究する。

16 覚えたことをすぐに**忘**れてしまう。

17 犬も歩けば**棒**に当たる

18 父より母のほうが**一枚**上手だ。

19 テーブルにたくさんの料理が**並**ぶ。

20 読みかけの本を**閉**じる。

21 七福神の乗った**宝船**の絵をかざる。

22 遠方の友人を**訪**ねる。

すぐにチェック!! 練習問題❷

# 書き取り

次の——線のカタカナを漢字になおしなさい。

目標時間11分

月 日 /22

解答→別冊 P.15

1 法案が議会でヒケツされた。

2 ヒハンを受け止めて今後に生かす。

3 社長のヒショをしている。

4 力士がドヒョウに上がる。

5 山のチュウフクでひと休みする。

6 見事なゴールに観客がコウフンする。

7 二人のアシナミをそろえて進む。

8 皇后ヘイカがお手をふられた。

9 ヘイテンセールの会場へ急ぐ。

10 カタホウだけくつ下が見つからない。

11 ホケツ選手としてベンチで待機する。

12 年のクれに今年一年を思い返す。

13 ホウセキを身に着ける。

14 生徒の家庭をホウモンする。

15 新技術に会社のソンボウをかける。

16 ワスれ物を取りに帰る。

17 校庭のテツボウにぶら下がる。

18 写真画像のマイスウを確かめる。

19 どうぞフルってご参加ください。

20 各社ヨコナラびの料金となった。

21 用心のためドアをシめる。

22 マイキョにいとまがない。

すぐにチェック!!
練習問題③

## 同じ読みの漢字

次の――線の**カタカナ**を**漢字**になおしなさい。

1 ハラの底から声を出しなさい。
2 ハラっぱでかけっこをする。

3 開ヘイ式の橋を車でわたる。
4 わかりやすいようヘイ易な文章を書く。

5 長い間カタ思いをしている。
6 カタを使ってケーキを焼く。

7 深夜の街で少年をホ導する。
8 家から学校までのホ数を数える。

目標時間4分

月　日　/8

解答→別冊 P.15

すぐにチェック!!
練習問題④

## 部首と部首名

次の漢字の**部首**と**部首名**を後の□の中から選び、**記号**で答えなさい。

| | 奮 | 並 | 陛 | 片 |
|---|---|---|---|---|
| 部首 | 1 | 3 | 5 | 7 |
| 部首名 | 2 | 4 | 6 | 8 |

| | 宝 | 亡 | 忘 | 否 |
|---|---|---|---|---|
| 部首 | 9 | 11 | 13 | 15 |
| 部首名 | 10 | 12 | 14 | 16 |

**部首の選択肢**

あ 亠　い 大　う 阝　え 片　お 心　か 口　き 一　く 宀

**部首名の選択肢**

ア いち
イ かた
ウ くち
エ なべぶた・けいさんかんむり
オ こざとへん
カ だい
キ うかんむり
ク こころ

目標時間8分

月　日　/16

解答→別冊 P.15

# 5級配当漢字表 11

| 索引 | 漢字 | 画数 | 音 | 訓 | 部首 | 用例 |
|---|---|---|---|---|---|---|
| マ | 幕 | 13 | マク・バク | | 巾 はば | 開幕《かいまく》・幕府《ばくふ》 除幕《じょまく》・閉幕《へいまく》 |
| ミ | 密 | 11 | ミツ | | 宀 うかんむり | 秘密《ひみつ》・密接《みっせつ》 精密《せいみつ》・密閉《みっぺい》 |
| メ | 盟 | 13 | メイ | | 皿 さら | 加盟《かめい》・連盟《れんめい》 盟友《めいゆう》・盟主《めいしゅ》 |
| モ | 模 | 14 | モ・ボ | | 木 きへん | 模型《もけい》・模様《もよう》 模写《もしゃ》・規模《きぼ》 |
| ヤ | 訳 | 11 | ヤク | わけ | 言 ごんべん | 通訳《つうやく》・英訳《えいやく》 言《い》い訳《わけ》 |
| ユ | 郵 | 11 | ユウ | | 阝 おおざと | 郵送《ゆうそう》・郵便《ゆうびん》 郵船《ゆうせん》 |
| | 優 | 17 | ユウ | やさ(しい)(中)・すぐ(れる)(中) | イ にんべん | 優先《ゆうせん》・優勝《ゆうしょう》 俳優《はいゆう》・名優《めいゆう》 |
| ヨ | 預 | 13 | ヨ | あず(ける)・あず(かる) | 頁 おおがい | 預貯金《よちょきん》 預《あず》かり証《しょう》 |
| | 幼 | 5 | ヨウ | おさな(い) | 幺 いとがしら・よう | 幼児《ようじ》・幼虫《ようちゅう》 幼友達《おさなともだち》 |
| | 欲 | 11 | ヨク | ほ(しい)(中)・ほっ(する)(高) | 欠 あくび・かける | 食欲《しょくよく》・意欲《いよく》 無欲《むよく》・欲張《よくば》り |
| | 翌 | 11 | ヨク | | 羽 はね | 翌日《よくじつ》・翌週《よくしゅう》 翌年《よくねん》 |
| ラ | 乱 | 7 | ラン | みだ(れる)・みだ(す) | 乚 おつ | 混乱《こんらん》・乱雑《らんざつ》 列《れつ》を乱《みだ》す |
| | 卵 | 7 | ラン(中) | たまご | 卩 ふしづくり・わりふ | 卵焼《たまごや》き 生卵《なまたまご》 |
| | 覧 | 17 | ラン | | 見 みる | 回覧《かいらん》・遊覧《ゆうらん》 一覧《いちらん》・観覧《かんらん》 |
| リ | 裏 | 13 | リ(中) | うら | 衣 ころも | 裏庭《うらにわ》・裏側《うらがわ》 裏切《うらぎ》る |
| | 律 | 9 | リツ・リチ(高) | | 彳 ぎょうにんべん | 規律《きりつ》・一律《いちりつ》 法律《ほうりつ》 |
| | 臨 | 18 | リン | のぞ(む)(中) | 臣 しん | 臨海《りんかい》・臨時《りんじ》 君臨《くんりん》・降臨《こうりん》 |
| ロ | 朗 | 10 | ロウ | ほが(らか)(中) | 月 つき | 朗報《ろうほう》・朗読《ろうどく》 明朗《めいろう》 |
| | 論 | 15 | ロン | | 言 ごんべん | 討論《とうろん》・議論《ぎろん》 理論《りろん》・論争《ろんそう》 |

すぐにチェック!!
練習問題 1

# 読み

次の――線の**漢字の読み**を**ひらがな**で書きなさい。

目標時間11分

月　日

/22

解答→別冊 P.16

1 江《え》戸《ど》に幕府が開かれた。

2 都会は建物が密集している。

3 長年の盟友を亡くした。

4 花模様のブラウスを着る。

5 フランス語の通訳をしている。

6 必要な書類を郵送する。

7 五年ぶりの優勝を果たした。

8 預かり証にサインをする。

9 カブトムシの幼虫を育てる。

10 意欲的に仕事に取り組む。

11 注文の品が翌日配達された。

12 台風の風で木の枝が散乱する。

13 あまい卵焼きが好きだ。

14 遊覧船に乗って観光する。

15 裏庭に小さな畑を作る。

16 年に一回、ピアノの調律をする。

17 権力者として君臨する。

18 絵本の朗読会に参加する。

19 期限内に卒業論文を提出する。

20 退職の訳を聞かせてほしい。

21 幼い妹のめんどうを見る。

22 臨海地域のマンションが人気だ。

すぐにチェック!! 練習問題❷

# 書き取り

次の——線の**カタカナ**を**漢字**になおしなさい。

目標時間**11**分

月　日　/22

解答→別冊 P.16

1 **マクウチ**力士が豆まきを行った。

2 各地の人口**ミツド**を調べる。

3 二国間で**ドウメイ**関係を結ぶ。

4 父といっしょに鉄道**モケイ**を作る。

5 英文の**ワヤク**をチェックする。

6 **ユウビン**局で記念切手を買う。

7 勉強よりも遊びを**ユウセン**した。

8 銀行**ヨキン**の残高を調べる。

9 **ヨウショウ**のころは病気がちだった。

10 なかなか**ショクヨク**が満たされない。

11 **ヨクネン**の秋には実をつけるだろう。

12 国政の**コンラン**が続いている。

13 ご飯に**ナマタマゴ**をかけて食べる。

14 社内で資料を**カイラン**する。

15 **ウラグチ**から出入りする。

16 兄は**ホウリツ**家を目指している。

17 休日に**リンジ**列車が運行される。

18 **メイロウ**会計の店は安心だ。

19 会議を重ねても**ケツロン**が出ない。

20 久しぶりに**オサナトモダチ**に会う。

21 心ない言葉に気持ちが**ミダ**れる。

22 学校行事の**イチラン**表を作る。

すぐにチェック!!
練習問題 ③

# 同じ読みの漢字

次の――線の**カタカナ**を**漢字**になおしなさい。

目標時間4分

月　日　/8

解答→別冊 P.16

1　国際連合に加**メイ**する。

2　祖父は魚つりの**メイ**人だ。

3　仕事の**ユウ**先順位をつける。

4　弟とゲーム機を共**ユウ**している。

5　父はとても手先が器**ヨウ**だ。

6　**ヨウ**児教育に力を入れている。

7　規**リツ**を重んじるチームだ。

8　兄は国**リツ**大学に進学した。

---

すぐにチェック!!
練習問題 ④

# 部首と部首名

次の漢字の**部首**と**部首名**を後の□の中から選び、**記号**で答えなさい。

目標時間8分

月　日　/16

解答→別冊 P.16

| | 盟 | 模 | 幼 | 翌 |
|---|---|---|---|---|
| 部首 | 1 | 3 | 5 | 7 |
| 部首名 | 2 | 4 | 6 | 8 |

| | 乱 | 卵 | 裏 | 臨 |
|---|---|---|---|---|
| 部首 | 9 | 11 | 13 | 15 |
| 部首名 | 10 | 12 | 14 | 16 |

**部首の選択肢**

| あ | い | う | え | お | か | き | く |
|---|---|---|---|---|---|---|---|
| 幺 | 衣 | 木 | 皿 | 羽 | 卩 | 臣 | 乚 |

**部首名の選択肢**

ア　おつ
イ　さら
ウ　はね
エ　ころも
オ　しん
カ　きへん
キ　よう・いとがしら
ク　わりふ・ふしづくり

# まとめテスト 3



すぐにチェック!! 練習問題❶

## 漢字と送りがな

次の――線のカタカナの部分を漢字一字と送りがな（ひらがな）になおしなさい。

目標時間4分

月　日　/8

1 ムズカシイ課題に取り組む。
2 オガムようにしてたのまれる。
3 作者別に本をナラベル。
4 横になって目をトジル。
5 久しぶりに祖母の家をタズネル。
6 宿題をワスレルことが多い。
7 まだまだ考え方がオサナイ。
8 大つぶの雨で水面がミダレル。

解答→別冊 P.17

すぐにチェック!! 練習問題❷

## 対義語・類義語

次の□のひらがなを対義語（↕）、類義語（＝）になるよう漢字になおしなさい。

目標時間6分

月　日　/12

1 地味↕□《は》手
2 後方＝□《はい》後
3 可決↕□《ひ》決
4 冷静↕興□《ふん》
5 開幕↕□《へい》幕
6 両方↕□《かた》方
7 他界＝死□《ぼう》
8 同士＝相□《ぼう》
9 散在↕□《みっ》集
10 加入＝加□《めい》
11 実物↕□《も》型
12 表門↕□《うら》門

解答→別冊 P.17

すぐにチェック!!
練習問題 ❸

# 画数

次の漢字の**赤い画**のところは**筆順の何画目か**、また**総画数は何画か**、**算用数字**(1、2、3…)で答えなさい。

目標時間 12分

月　日　/24

解答 → 別冊 P.17

〈例〉王……(3)(4)　何画目　総画数

| 漢字 | 何画目 | 総画数 |
| --- | --- | --- |
| 乳 | 1 | 2 |
| 脳 | 3 | 4 |
| 派 | 5 | 6 |
| 俳 | 7 | 8 |
| 班 | 9 | 10 |
| 陛 | 11 | 12 |
| 片 | 13 | 14 |
| 訪 | 15 | 16 |
| 訳 | 17 | 18 |
| 郵 | 19 | 20 |
| 覧 | 21 | 22 |
| 臨 | 23 | 24 |

すぐにチェック!!
練習問題 ❹

# 四字の熟語

次の□の**カタカナ**を**漢字**になおし、**一字**だけ書きなさい。

目標時間 7分

月　日　/14

解答 → 別冊 P.17

1 無理□《ナン》題

2 大器□《バン》成

3 □《ヒ》密文書

4 栄養□《ホ》給

5 人間国□《ホウ》

6 家庭□《ホウ》問

7 針《しん》小□《ボウ》大

8 書留□《ユウ》便

9 □《ユウ》先順位

10 私《し》利私《し》□《ヨク》

11 一心不□《ラン》

12 □《リン》時列車

13 明□《ロウ》快活

14 賛否両□《ロン》

第2章

# 実力チェック!!
# 本試験型テスト

合格は140点以上。
まちがえたところは
別冊の解答・解説で
しっかり復習しよう!

実力チェック!!

# 本試験型テスト 第1回

140点以上で合格!

制限時間 60分

月　日

/200

解答→別冊 P.18

## 一

次の——線の**漢字の読み**を**ひらがな**で書きなさい。

/20　1点×20問

1 大きな木の切り**株**を見つけた。（　　）

2 道路が**片側**通行になっている。（　　）

3 かつて**養蚕**で栄えた町だ。（　　）

4 日本海の**沿岸**の漁村に行く。（　　）

5 新しい**内閣**に国民は期待した。（　　）

6 父の言いつけに**従**う。（　　）

7 **穴**があったら入りたい気分だ。（　　）

8 父は昔から**胃腸**が弱い。（　　）

## 二

次の漢字の**部首**と**部首名**を、後の□の中から選び、**記号**で答えなさい。

/10　1点×10問

[例] 休……（あ）（ア）　部首　部首名

| | 部首 | 部首名 |
|---|---|---|
| 看…… | 1（　） | 2（　） |
| 絹…… | 3（　） | 4（　） |
| 灰…… | 5（　） | 6（　） |
| 拡…… | 7（　） | 8（　） |
| 劇…… | 9（　） | 10（　） |

あ イ　い 月　う リ　え ハ　お 目　か 火　き 扌　く 广　け 厂　こ 糸

ア にんべん　イ ひ　ウ め　エ まだれ　オ つき　カ いとへん　キ がんだれ　ク りっとう　ケ は　コ てへん

9　皿を落として**割**ってしまった。（　　）（　　）

10　毎年、家庭**訪問**が行われる。（　　）（　　）

11　祖父の墓前に花を**供**えた。（　　）（　　）

12　いれ立ての**紅茶**の香りがする。（　　）（　　）

13　地図をコピーで**拡大**した。（　　）（　　）

14　後ろ**姿**が小さくなっていった。（　　）（　　）

15　**砂時計**で時間を計ってみる。（　　）（　　）

16　**模造紙**に大きなグラフを書く。（　　）（　　）

17　時間は**厳守**してください。（　　）（　　）

18　**看護師**を目指している。（　　）（　　）

19　緑が美しいけやき**並木**の道を歩く。（　　）（　　）

20　夕つばめ**我**にはあすのあてはなき（　　）（　　）

## 三

次の漢字の**太い画**のところは**筆順の何画目**か、また**総画数は何画**か、**算用数字**（1、2、3……）で答えなさい。

1点×10問　／10

［例］　間……（9）（12）

何画目　総画数

| 漢字 | 何画目 | 総画数 |
| --- | --- | --- |
| 署 | 1（　） | 2（　） |
| 樹 | 3（　） | 4（　） |
| 障 | 5（　） | 6（　） |
| 俵 | 7（　） | 8（　） |
| 奮 | 9（　） | 10（　） |

## 四

次の――線の**カタカナ**の部分を**漢字一字**と**送りがな(ひらがな)**になおしなさい。

[例] 冬は日がミジカイ ⬇ 短い

1 元のさやに**オサマル**。

2 宿題をするのを**ワスレル**。

3 はだの水分を**オギナウ**。

4 読みかけの本を**トジル**。

5 夜道の一人歩きは**アブナイ**。

□／10

2点×5問

## 五

漢字の読みには**音**と**訓**があります。次の**熟語の読み**は[ ]の中のどの組み合わせになっていますか。**ア〜エ**の**記号**で答えなさい。

□／20

2点×10問

[ア 音と音　イ 音と訓　ウ 訓と訓　エ 訓と音]

1 就学（　　）

6 誕生（　　）

## 七

後の[ ]の中のひらがなを漢字になおして、**対義語**(意味が反対や対《つい》になることば)と、**類義語**(意味がよくにたことば)を書きなさい。[ ]の中のひらがなは**一度だけ**使い、**漢字一字**を書きなさい。

□／20

2点×10問

**対義語**

1 短縮―□長

2 未来―□去

3 悪意―□意

4 悲報―□報

5 水平―□直

**類義語**

6 死去―死□

7 容易―□単

8 感動―感□

9 重視―□重

10 向上―発□

[えん・か・かん・げき・すい・ぜん・そん・てん・ぼう・ろう]

2 縦糸（　　）

3 磁場（　　）

4 傷口（　　）

5 蒸気（　　）

7 値段（　　）

8 秘伝（　　）

9 幕内（　　）

10 背広（　　）

## 六

次の**カタカナ**を**漢字**になおし、**一字だけ**書きなさい。

（　/20）2点×10問

1 首**ノウ**会議

2 経世**サイ**民

3 人気絶**チョウ**

4 単**ジュン**明快

5 天変地**イ**

6 半信半**ギ**

7 一意**セン**心

8 三**ケン**分立

9 **ソウ**意工夫

10 直**シャ**日光

## 八

後の□の中から漢字を選んで、次の意味にあてはまる**熟語**を作りなさい。答えは**記号**で書きなさい。

（　/10）2点×5問

[例] ひつじのけのこと。 ⬇ （羊毛）シ サ

1 その仕事になれていてじょうずなこと。

2 神社や、そこにおさめられた宝物を見せてもらうこと。

3 広く名前が知られていること。

4 知徳にすぐれた理想的な人物。

5 事態が重大で切実であること。そのことに心をとらわれていること。

| | | | | | |
|---|---|---|---|---|---|
| ア 名 | イ 練 | ウ 観 | エ 人 | オ 拝 | カ 聖 |
| キ 刻 | ク 熟 | ケ 深 | コ 著 | サ 毛 | シ 羊 |

## 九

漢字を二字組み合わせた熟語では、二つの漢字の間に意味の上で、次のような関係があります。

**ア** 反対や対《つい》になる意味の字を組み合わせたもの。（例・上下）

**イ** 同じような意味の字を組み合わせたもの。（例・森林）

**ウ** 上の字が下の字の意味を説明（修飾《しょく》）しているもの。（例・進路）

**エ** 下の字から上の字へ返って読むと意味がよくわかるもの。（例・開店）

次の**熟語**は、右の**ア**～**エ**のどれにあたるか、**記号**で答えなさい。

/20
2点×10問

1 退院（　　）
2 困難（　　）
3 呼吸（　　）
4 改装（　　）
5 洗車（　　）
6 住宅（　　）
7 豊富（　　）
8 作詞（　　）
9 正座（　　）
10 公私（　　）

## 十

次の――線の**カタカナ**を**漢字**になおしなさい。

/40
2点×20問

1 落とし物を交番に**トド**ける。
2 **オサナ**いころはよく外で遊んだ。
3 事故で電車のダイヤが**ミダ**れた。
4 学者の間で**ロンソウ**が起こった。
5 人ごみではぐれた友人を**サガ**す。
6 旅行の会計係を**タントウ**する。
7 **テツボウ**でさか上がりをする。
8 **アタタ**かい日ざしを浴びる。
9 勝った選手が**チュウガエ**りをした。

| 9 | 8 | 7 | 6 | 5 | 4 | 3 | 2 | 1 |
|---|---|---|---|---|---|---|---|---|
| | | | | | | | | |

## 十

次の――線の**カタカナ**を**漢字**になおしなさい。

20

2点×10問

1 水面に月明かりが**ウツ**る。

2 となりの車両に**ウツ**る。

3 **キョウ**土料理が味わえる民宿だ。

4 サッカーチームの**キョウ**化合宿を行う。

5 公**シュウ**電話から通報する。

6 姉とピアノの練**シュウ**をする。

7 町の美化運動を**スイ**進する。

8 湖の**スイ**面にさざ波が立っている。

9 近**シ**になったので眼鏡を買いに行く。

10 信号が赤になったので停**シ**する。

10 先生の**ゾウショ**を見せてもらう。

11 しめ切り**スンゼン**に提出する。

12 朝焼けに海が赤く**ソ**まる。

13 虫歯が**イタ**んで仕事ができない。

14 そろそろ満ち**シオ**の時間だ。

15 **トウブン**のとり過ぎに注意する。

16 バスの**ウンチン**を調べる。

17 **ワカモノ**たちがみこしをかつぐ。

18 父は**シャクハチ**を習っている。

19 すべて**ショウチ**の上でやったことだ。

20 **ホネオ**り損のくたびれもうけ

実力チェック!!

# 本試験型テスト 第2回

140点以上で合格!

制限時間 60分

月　日

／200

解答 → 別冊 P.20

## 一

次の——線の**漢字の読み**を**ひらがな**で書きなさい。

／20

1点×20問

1 友だちと**秘密**の話をする。（　　）
2 **大枚**をはたいて時計を買った。（　　）
3 勇気を**奮**って立ち向かう。（　　）
4 体力の不足を気力で**補**う。（　　）
5 全国**規模**で店を増やす。（　　）
6 年れいとともに**背骨**が曲がる。（　　）
7 グループごとに**班長**を決めた。（　　）
8 新たに**同盟**を結ぶ。（　　）

## 二

次の漢字の**部首**と**部首名**を後の［　］の中から選び、**記号**で答えなさい。

／10

1点×10問

［例］休……部首（あ）部首名（ア）

| 漢字 | 部首 | 部首名 |
| --- | --- | --- |
| 革 | 1（　　） | 2（　　） |
| 我 | 3（　　） | 4（　　） |
| 敬 | 5（　　） | 6（　　） |
| 簡 | 7（　　） | 8（　　） |
| 探 | 9（　　） | 10（　　） |

あ イ　い 攵　う ⺮
え 木　お 扌　か 革
き 艹　く 日　け 戈
こ ノ

ア にんべん　イ のぶん・ぼくづくり
ウ の・はらいぼう　エ き
オ かくのかわ・つくりがわ　カ ほこづくり・ほこがまえ
キ くさかんむり　ク たけかんむり
ケ てへん　コ ひ

9 この暑さで**食欲**が減退した。（　　　）（　　　）

10 山の**頂**から雲海が見わたせた。（　　　）（　　　）

11 いつも**徒党**を組んでいる。（　　　）（　　　）

12 池につり糸を**垂**らす。（　　　）（　　　）

13 うす**紅色**の花がさいた。（　　　）（　　　）

14 ギターの**演奏**を聞きに行く。（　　　）（　　　）

15 建築の仕事に**従事**している。（　　　）（　　　）

16 **米俵**を軽々と持ち上げる。（　　　）（　　　）

17 長時間**正座**して足がしびれた。（　　　）（　　　）

18 **激**しい波に船が飲みこまれた。（　　　）（　　　）

19 子どもの笑《え》顔が元気の**源**だ。（　　　）（　　　）

20 ねぎ白く**洗**いたてたる寒さかな（　　　）（　　　）

## 三

次の漢字の**太い画**のところは**筆順の何画目**か、また**総画数は何画**か、**算用数字**（1、2、3……）で答えなさい。

［例］間……（何画目 9）（総画数 12）

1点×10問　／10

| | 何画目 | 総画数 |
|---|---|---|
| 誕 | 1（　　） | 2（　　） |
| 幕 | 3（　　） | 4（　　） |
| 派 | 5（　　） | 6（　　） |
| 卵 | 7（　　） | 8（　　） |
| 糖 | 9（　　） | 10（　　） |

## 四

次の――線の**カタカナ**の部分を**漢字一字**と**送りがな（ひらがな）**になおしなさい。

10　2点×5問

[例] 冬は日がミジカイ ➡ 短い

1 事故で**トウトイ**命が失われた。

2 ストーブで部屋を**アタタメル**。

3 税金を期日までに**オサメル**。

4 書類を速達で**トドケル**。

5 この駅では多くの人が**オリル**。

## 五

漢字の読みには**音**と**訓**があります。次の**熟語の読み**は□の中のどの組み合わせになっていますか。**ア～エ**の**記号**で答えなさい。

20　2点×10問

ア 音と音　イ 音と訓　ウ 訓と訓　エ 訓と音

1 穀物（　　）

6 革新（　　）

## 七

後の□の中のひらがなを漢字になおして、**対義語**（意味が反対や対《つい》になることば）と、**類義語**（意味がよくにたことば）を書きなさい。□の中のひらがなは**一度だけ**使い、**漢字一字**を書きなさい。

20　2点×10問

**対義語**

1 安全―危□

2 遠洋―□岸

3 拡大―□小

4 満潮―□潮

5 解任―□任

**類義語**

6 価格―値□

7 味方―加□

8 助言―□告

9 開業―□業

10 後方―□後

えん・かん・けん・しゅう・しゅく・そう・たん・だん・ちゅう・はい

2 絵姿（　　）
3 宅配（　　）
4 舌先（　　）
5 葉巻（　　）

7 株価（　　）
8 憲法（　　）
9 除雪（　　）
10 役割（　　）

## 六

次の**カタカナ**を**漢字**になおし、**一字だけ**書きなさい。

2点×10問　/20

1 **イ**ロ同音
2 公**シュウ**道徳
3 条件反**シャ**
4 **セン**戦布告
5 **リン**海学校
6 **セイ**人君子
7 四**シャ**五入
8 質**ギ**応答
9 人口**ミツ**度
10 起**ショウ**転結

## 八

後の□の中から漢字を選んで、次の意味にあてはまる**熟語**を作りなさい。答えは**記号**で書きなさい。

2点×5問　/10

[例] ひつじのけのこと。 ➡ （羊毛） シ サ

1 自分だけの考えでおこなうこと。
2 たりないものをつけ加えること。
3 目で見ることができるはんい。
4 たがいに息を合わせて行動をともにすること。
5 ほかの人と言い争うこと。

ア 行　イ 視　ウ 補　エ 論　オ 応　カ 口
キ 呼　ク 専　ケ 界　コ 足　サ 毛　シ 羊

## 九

漢字を二字組み合わせた熟語では、二つの漢字の間に意味の上で、次のような関係があります。

**ア** 反対や対《つい》になる意味の字を組み合わせたもの。（例・上下）

**イ** 同じような意味の字を組み合わせたもの。（例・森林）

**ウ** 上の字が下の字の意味を説明（修飾《しょく》）しているもの。（例・進路）

**エ** 下の字から上の字へ返って読むと意味がよくわかるもの。（例・開店）

次の**熟語**は、右の**ア**～**エ**のどれにあたるか、**記号**で答えなさい。

/20

2点×10問

1 鉄鋼（　　）

2 完済（　　）

3 難易（　　）

4 誤字（　　）

5 価値（　　）

6 広域（　　）

7 観劇（　　）

8 映写（　　）

9 開閉（　　）

10 帰郷（　　）

## 十

次の——線の**カタカナ**を**漢字**になおしなさい。

/40

2点×20問

1 ほっと**ムネ**をなで下ろした。

2 アルプス**サンケイ**が見わたせる。

3 **ゲンゾン**する最古の木造建築だ。

4 **コウソウ**ビルが林立する。

5 長年の功績が**ミト**められた。

6 三人の**コダカラ**にめぐまれる。

7 兄の体力は**ナミ**ではない。

8 政治家が外国に**ボウメイ**した。

9 姉は昔から**ユウトウ**生だった。

| | | | | | | | | |
|---|---|---|---|---|---|---|---|---|
| | | | | | | | | |

## 十

次の——線の**カタカナ**を**漢字**になおしなさい。

/20　2点×10問

1 食品関係の会社に**ツト**める。

2 学力の向上に**ツト**める。

3 国語辞**テン**で言葉の意味を調べる。

4 妹が絵画の個**テン**を開いた。

5 日本語の手紙を英**ヤク**する。

6 父親としての**ヤク**目を果たす。

7 海外に新しく**シ**店を出す。

8 関係者が**シ**急集められた。

9 夏休みに**キ**重な経験をした。

10 母は毎日、日**キ**をつけている。

---

10 毎日、日が**ク**れるまで遊んだ。

11 山道でくじいた足首が**イタ**む。

12 ゴッホのえがいた地を**タズ**ねる。

13 チャンスを**ボウ**にふった。

14 家族全員で**バン**ごはんを食べる。

15 夏祭りの案内を**カイラン**する。

16 人の命を**アズ**かる大事な仕事だ。

17 **イチリツ**千円で商品を売る。

18 家の**ウラ**には空き地がある。

19 **コウイキ**に大雨注意報が出た。

20 **ハラ**の虫がおさまらない

実力チェック!!

# 本試験型テスト 第3回

140点以上で合格！

制限時間 60分

月　日

／200

解答 → 別冊 P.22

## 一

次の――線の**漢字の読み**を**ひらがな**で書きなさい。

／20　1点×20問

1 たまには**銭湯**も良いものだ。（　　）（　　）

2 父は**一筋縄**ではいかない人だ。（　　）（　　）

3 山奥《おく》に美しい**泉**がわいていた。（　　）（　　）

4 味方にとっては**手痛**い一敗だ。（　　）（　　）

5 旅行のおみやげを母に**届**ける。（　　）（　　）

6 兄は会社で課長を**補佐**する。（　　）（　　）

7 頂上に**至**るまでの道は遠い。（　　）（　　）

8 交通ルールに**従**って運転する。（　　）（　　）

## 二

次の漢字の**部首**と**部首名**を後の□の中から選び、**記号**で答えなさい。

／10　1点×10問

［例］ 休……〔あ〕（ア）　部首　部首名

| 漢字 | 部首 | 部首名 |
|---|---|---|
| 臨 | 1（　） | 2（　） |
| 劇 | 3（　） | 4（　） |
| 障 | 5（　） | 6（　） |
| 穴 | 7（　） | 8（　） |
| 敵 | 9（　） | 10（　） |

あ イ　い 攵　う 阝　え 十　お 臣　か 一　き 虍　く 穴　け ハ　こ 刂

ア にんべん　イ しん　ウ とらがしら・とらかんむり　エ じゅう　オ は　カ りっとう　キ いち　ク こざとへん　ケ のぶん・ぼくづくり　コ あな

9 **樹氷**が美しい雪山。（　　）

10 **窓**を開けて空気を入れかえる。（　　）

11 よく**熟**したモモを食べる。（　　）

12 五月三日は**憲法**記念日だ。（　　）

13 火星の大気の状態を**探査**する。（　　）

14 一流の作家として**認**められる。（　　）

15 **枚挙**にいとまがない。（　　）

16 仕事に**意欲**的に取り組んだ。（　　）

17 テレビ番組を**観覧**する。（　　）

18 **郵便**ポストに手紙を入れる。（　　）

19 最近は食生活が**乱**れがちだ。（　　）

20 羽色をねずみに**染**めつかんこ鳥（　　）

## 三

次の漢字の**太い画**のところは**筆順の何画目**か、また**総画数は何画**か、**算用数字**（1、2、3……）で答えなさい。

[例] 間……（何画目 9）（総画数 12）

何画目　総画数

誤……1（　　）2（　　）

鋼……3（　　）4（　　）

純……5（　　）6（　　）

遺……7（　　）8（　　）

優……9（　　）10（　　）

／10

1点×10問

## 四

次の——線の**カタカナ**の部分を**漢字一字**と**送りがな（ひらがな）**になおしなさい。

［例］冬は日がミジカイ ⬇ 短い

/10　2点×5問

1 天気が悪いので出発を**ノバス**。
2 うそではないかと耳を**ウタガウ**。
3 庭の雑草を取り**ノゾク**。
4 たくさんの思い出を胸に**キザム**。
5 目上の人は**ウヤマウ**べきだ。

| 1 | 2 | 3 | 4 | 5 |
|---|---|---|---|---|
| | | | | |

## 五

漢字の読みには**音**と**訓**があります。次の**熟語の読み**は□の中のどの組み合わせになっていますか。**ア〜エ**の**記号**で答えなさい。

/20　2点×10問

ア 音と音　イ 音と訓　ウ 訓と訓　エ 訓と音

1 縦糸（　　）
6 仕草（　　）

## 七

後の□の中のひらがなを漢字になおして、**対義語**（意味が反対や対《つい》になることば）と、**類義語**（意味がよくにたことば）を書きなさい。□の中のひらがなは**一度だけ**使い、**漢字一字**を書きなさい。

/20　2点×10問

**対義語**

1 悪人—□人
2 同意—反□
3 可決—□決
4 公然—内□
5 正門—□門

**類義語**

6 外国—□国
7 持続—□続
8 方法—手□
9 明細—内□
10 役所—官□

い・うら・ぜん・そん・だん・ちょう・ひ
みつ・ろん・わけ

2 貴重（　　）
3 砂地（　　）
4 興奮（　　）
5 歯車（　　）

7 皇位（　　）
8 恩愛（　　）
9 吸引（　　）
10 片方（　　）

## 六

次の**カタカナ**を**漢字**になおし、**一字だけ**書きなさい。

（　/20）2点×10問

1 鉄道**モ**型
2 水分**ホ**給
3 **スン**進尺退
4 **シン**小棒大
5 **カブ**式会社

6 **カン**易書留
7 **キ**険信号
8 **キン**務時間
9 **セン**門用語
10 大器**バン**成

## 八

後の□の中から漢字を選んで、次の意味にあてはまる**熟語**を作りなさい。答えは**記号**で書きなさい。

（　/10）2点×5問

［例］ ひつじのけのこと。 → （羊毛） シ サ

1 おとっている所が見つからないほど見事なこと。
2 五・七・五の音節からなる短詩。
3 あらゆる天体をふくむ広大な空間。
4 古くなった制度などを新しくすること。
5 けが人や病人の世話をすること。

ア 改　イ 派　ウ 革　エ 宙　オ 立　カ 看
キ 句　ク 宇　ケ 護　コ 俳　サ 毛　シ 羊

## 九

漢字を二字組み合わせた熟語では、二つの漢字の間に意味の上で、次のような関係があります。

**ア** 反対や対《つい》になる意味の字を組み合わせたもの。（例・上下）

**イ** 同じような意味の字を組み合わせたもの。（例・森林）

**ウ** 上の字が下の字の意味を説明（修飾《しょく》）しているもの。（例・進路）

**エ** 下の字から上の字へ返って読むと意味がよくわかるもの。（例・開店）

次の**熟語**は、右の**ア**～**エ**のどれにあたるか、**記号**で答えなさい。

／20

2点×10問

1 暖冬（　　）

2 干満（　　）

3 過激（　　）

4 永久（　　）

5 樹木（　　）

6 寒暖（　　）

7 母乳（　　）

8 就職（　　）

9 絹糸（　　）

10 遺志（　　）

## 十

次の――線の**カタカナ**を**漢字**になおしなさい。

／40

2点×20問

1 **ワタクシゴト**で早退する。

2 海辺の**サンサク**を楽しむ。

3 セーターが**チヂ**んでしまった。

4 仏教の教えを**タット**ぶ。

5 **ナイゾウ**の健康状態を検査する。

6 全員で十分に**トウギ**を重ねる。

7 祖母はいつまでも気が**ワカ**い。

8 社長のやり方に**ヒハン**が集まる。

9 友だちどうしで**セイクラ**べをする。

| | | | | | | | | |
|---|---|---|---|---|---|---|---|---|
| | | | | | | | | |

## 十

次の――線の**カタカナ**を**漢字**になおしなさい。

20

2点×10問

1 税金を役所に**オサ**める。

2 けんかを丸く**オサ**める。

3 取**シャ**に困るほど材料がそろう。

4 有名な学**シャ**が書いた本を読む。

5 メッカはイスラム教の**セイ**地だ。

6 本だなを**セイ**理するよう言われた。

7 宝くじの一等に見事**トウ**選した。

8 **トウ**分をひかえた食事にする。

9 物語は意外な**テン**開を見せた。

10 **テン**校生と仲良くなった。

10 白鳥のヒナが**タマゴ**からかえる。

11 出張の**ヨクジツ**は休みがもらえる。

12 **チイキ**の住民が話し合う。

13 **コウゾク**の一員としての公務を行う。

14 社会の第一線を**シリゾ**いた。

15 泳ぐ前に準備**タイソウ**をする。

16 たばこの**ハイ**をそうじする。

17 山の木木が見事に**コウヨウ**した。

18 来日中の要人を**ケイゴ**する。

19 **カイコ**がまゆを作る。

20 子は親を**ウツ**す鏡

**実力チェック!!**

# 本試験型テスト 第4回

140点以上で合格!

制限時間 60分

月　日

／200

解答→別冊 P.24

## 一

次の——線の**漢字の読み**を**ひらがな**で書きなさい。

／20　1点×20問

1 両者の話を聞いて公平に**裁**く。（　　）

2 首相の発言が**週刊誌**にのる。（　　）

3 転んだが軽いけがで**済**んだ。（　　）

4 病気の時の**保障**で保険を選ぶ。（　　）

5 駅に自動**券売機**が並んでいる。（　　）

6 空には**層雲**が広がっていた。（　　）

7 真夏の太陽が**降**り注ぐ。（　　）

8 旅行で言葉が通じず**困**った。（　　）

## 二

次の漢字の**部首**と**部首名**を、後の□の中から選び、**記号**で答えなさい。

／10　1点×10問

［例］ 休……（あ）（ア）　部首　部首名

| | 部首 | 部首名 |
|---|---|---|
| 幼 | 1（　） | 2（　） |
| 忘 | 3（　） | 4（　） |
| 宙 | 5（　） | 6（　） |
| 聖 | 7（　） | 8（　） |
| 泉 | 9（　） | 10（　） |

あ 亻　い 宀　う 亻
え 耳　お 月　か 心
き 幺　く 亠　け 口
こ 水

ア にんべん　イ くち
ウ なべぶた・けいさんかんむり　エ よう・いとがしら
オ みず　カ こころ
キ うかんむり　ク にんべん
ケ みみ　コ つき

9 英語の**歌詞**を暗記する。（　　）

10 アメリカに住むおじを**訪**ねた。（　　）

11 電車にかさを**忘**れてしまった。（　　）

12 その絵が**遺作**となった。（　　）

13 大切な皿を**割**ってしまった。（　　）

14 実力を十分に**発揮**する。（　　）

15 付近の住民に水を**供給**する。（　　）

16 山歩きをして**筋肉痛**になった。（　　）

17 自由に発言する**権利**がある。（　　）

18 自分の名を**呼**ぶ声が聞こえた。（　　）

19 魚の**骨**の化石が見つかる。（　　）

20 **我**ときて遊べや親のないすずめ（　　）



## 三

次の漢字の**太い画**のところは**筆順の何画目**か、また**総画数は何画**か、**算用数字**（1、2、3……）で答えなさい。

［例］ 間……（9）（12）
何画目　総画数

| 漢字 | 何画目 | 総画数 |
| --- | --- | --- |
| 窓 | 1（　） | 2（　） |
| 縮 | 3（　） | 4（　） |
| 穀 | 5（　） | 6（　） |
| 域 | 7（　） | 8（　） |
| 承 | 9（　） | 10（　） |

／10
1点×10問

## 四

次の——線の**カタカナ**の部分を**漢字一字**と**送りがな（ひらがな）**になおしなさい。

2点×5問　／10

［例］ 冬は日がミジカイ ➡ 短い

1 となりの家の犬を**アズカル**。

2 店が**シマル**直前にかけこんだ。

3 短期間でやせるのは**ムズカシイ**。

4 せっけんで手を**アラウ**。

5 仏前で手を合わせて**オガム**。

| 5 | 4 | 3 | 2 | 1 |
|---|---|---|---|---|
| | | | | |

## 五

漢字の読みには**音**と**訓**があります。次の**熟語の読み**は□の中のどの組み合わせになっていますか。**ア〜エ**の**記号**で答えなさい。

2点×10問　／20

ア 音と音　イ 音と訓　ウ 訓と訓　エ 訓と音

1 権利（　　）

6 骨身（　　）

## 七

後の□の中のひらがなを漢字になおして、**対義語**（意味が反対や対《つい》になることば）と、**類義語**（意味がよくにたことば）を書きなさい。□の中のひらがなは**一度だけ**使い、**漢字一字**を書きなさい。

2点×10問　／20

**対義語**

1 散在－□集

2 公用－□用

3 安全－□険

4 保守－改□

5 反目－親□

**類義語**

6 高価－高□

7 直前－□前

8 加入－加□

9 来週－□週

10 手短－□略

かく・かん・き・し・すん・ぜん・ね・みっ・めい・よく

2 節穴（　　）
3 喜劇（　　）
4 夕刻（　　）
5 首筋（　　）
7 系列（　　）
8 皇室（　　）
9 株券（　　）
10 内閣（　　）

## 六

次の**カタカナ**を**漢字**になおし、**一字だけ**書きなさい。

/20
2点×10問

1 一心不**ラン**
2 **イ**ロ同音
3 **リン**機応変
4 予防注**シャ**
5 応急**ショ**置
6 独立**セン**言
7 私利私**ヨク**
8 空理空**ロン**
9 明**ロウ**快活
10 **シュウ**職活動

## 八

後の□の中から漢字を選んで、次の意味にあてはまる**熟語**を作りなさい。答えは**記号**で書きなさい。

/10
2点×5問

[例] ひつじのけのこと。→（羊毛）シ サ

1 用事やあいさつのために他人に会いに行くこと。
2 やる気になってはりきること。
3 何かに対する思いや感情を強く身にしみて思うこと。
4 独自の発想で新しいものをつくり出すこと。
5 責任をもってその仕事を引き受けること。

ア 当　イ 切　ウ 問　エ 奮　オ 作　カ 訪
キ 起　ク 創　ケ 痛　コ 担　サ 毛　シ 羊

## 九

漢字を二字組み合わせた熟語では、
二つの漢字の間に意味の上で、
次のような関係があります。

**ア** 反対や対《つい》になる意味の字を組み合わせたもの。（例・上下）

**イ** 同じような意味の字を組み合わせたもの。（例・森林）

**ウ** 上の字が下の字の意味を説明（修飾《しょく》）しているもの。（例・進路）

**エ** 下の字から上の字へ返って読むと意味がよくわかるもの。（例・開店）

次の**熟語**は、右の**ア**～**エ**のどれにあたるか、**記号**で答えなさい。

／20
2点×10問

1 尊敬（　　）
2 垂直（　　）
3 座高（　　）
4 除名（　　）
5 破損（　　）
6 映像（　　）
7 紅白（　　）
8 宅配（　　）
9 縦横（　　）
10 備忘（　　）

## 十

次の――線の**カタカナ**を**漢字**になおしなさい。

／40
2点×20問

1 兄はとても**セイジツ**な人だ。
2 **シセイ**を正して先生の話を聞く。
3 おじは**ヨウサン**業を営んでいる。
4 本を**イッサツ**買ってもらった。
5 同意見の人で**ショメイ**を集める。
6 水分はすぐに**ジョウハツ**した。
7 サッカーの話題で**モ**り上がった。
8 暗雲が**タ**れこめている。
9 部屋の**マド**から海が見わたせた。

| 1 | 2 | 3 | 4 | 5 | 6 | 7 | 8 | 9 |
|---|---|---|---|---|---|---|---|---|
| | | | | | | | | |

## 十

次の――線のカタカナを漢字になおしなさい。

/20

2点×10問

1 今年は平年ナミの暑さだ。

2 高いナミが押《お》し寄せた。

3 本の目ジに目を通す。

4 かすかにジ気を帯びた石だ。

5 台風のため船が欠コウした。

6 年老いた両親にコウ行したい。

7 事故のゲン因を調べる。

8 この辺りでの水泳はゲン禁だ。

9 歴シ上の人物の伝記を読む。

10 子の成長はシ上の喜びだ。

---

10 ゴミをきちんと分別してステる。

11 美しいシュウキョウ音楽を聞く。

12 病院でイチョウの検査をする。

13 たくさんの兵をシタガえる。

14 ぬれた水着をしぼってホす。

15 キョウリをなつかしく思う。

16 ツクエの上が散らかっている。

17 二つのコトなる意見が出た。

18 カメラで家族をウツす。

19 雨でシカイが悪くなってきた。

20 ミナモト清ければ流れ清し

**実力チェック!!**

# 本試験型テスト 第5回

140点以上で合格!

制限時間 60分

月　日

/200

解答→別冊 P.26

## 一

次の——線の**漢字の読み**を**ひらがな**で書きなさい。

/20　1点×20問

1 体のサイズを**採寸**してもらう。（　　）

2 方位**磁石**で北の方角を調べる。（　　）

3 顔に深いしわが**刻**まれる。（　　）

4 子どもが母親を**困**らせている。（　　）

5 **至急**書類を集める。（　　）

6 受験に備えて**対策**を練る。（　　）

7 歯石を取り**除**いてもらう。（　　）

8 兄は剣《けん》道部の**主将**だ。（　　）

## 二

次の漢字の**部首**と**部首名**を後の□の中から選び、**記号**で答えなさい。

/10　1点×10問

[例] 休……（あ）（ア）　部首　部首名

| | 部首 | 部首名 |
|---|---|---|
| 憲…… | 1（　） | 2（　） |
| 射…… | 3（　） | 4（　） |
| 孝…… | 5（　） | 6（　） |
| 腹…… | 7（　） | 8（　） |
| 疑…… | 9（　） | 10（　） |

あ 亻　い 身　う 月　え 宀　お 子　か 耂　き 心　く 矢　け 疋　こ 寸

ア にんべん　イ すん　ウ こ　エ うかんむり　オ み　カ おいかんむり・おいがしら　キ ひき　ク にくづき　ケ こころ　コ や

9 転んでひざにすり**傷**を作った。（　　）

10 **担任**の先生に進路を相談する。（　　）

11 アマゾンの**秘境**を流れる川を調べる。（　　）

12 自分の家族の**家系図**をたどる。（　　）

13 お気に入りの服に**穴**があく。（　　）

14 母は家計を**預**かっている。（　　）

15 朝食はいつも軽く**済**ませる。（　　）

16 旅行が楽しみで**胸**がはずむ。（　　）

17 時間におくれた言い**訳**をする。（　　）

18 外国に国際**郵便**で荷物を送る。（　　）

19 妹の長話には**閉口**した。（　　）

20 ほちほちとくわくう夜の**蚕**かな（　　）

---



## 三

次の漢字の**太い画**のところは**筆順の何画目**か、また**総画数は何画**か、**算用数字**（1、2、3……）で答えなさい。

［例］ 間……（9）（12）
何画目　総画数

何画目　総画数

郷……1（　　）2（　　）

看……3（　　）4（　　）

警……5（　　）6（　　）

熟……7（　　）8（　　）

蒸……9（　　）10（　　）

／10
1点×10問

## 四

次の――線の**カタカナ**の部分を**漢字一字**と**送りがな（ひらがな）**になおしなさい。

［例］ 冬は日がミジカイ ⬇ 短い

1 トマトの葉が**チヂレル**。

2 大役が**ツトマル**か心配だ。

3 **ハゲシク**のどがかわいた。

4 祖父を**ウヤマウ**気持ちを表す。

5 強敵に対して勝利を**オサメル**。

／10　2点×5問

## 五

漢字の読みには**音**と**訓**があります。次の**熟語の読み**は□の中のどの組み合わせになっていますか。ア～エの**記号**で答えなさい。

／20　2点×10問

ア 音と音　イ 音と訓　ウ 訓と訓　エ 訓と音

1 筋道（　）

6 片面（　）

## 七

後の□の中のひらがなを漢字になおして、**対義語**（意味が反対や対《つい》になることば）と、**類義語**（意味がよくにたことば）を書きなさい。□の中のひらがなは**一度だけ**使い、**漢字一字**を書きなさい。

／20　2点×10問

**対義語**

1 前進―後□

2 中腹―山□

3 率先―追□

4 通常―□時

5 青葉―□葉

**類義語**

6 上品―高□

7 黒潮―□流

8 内聞―秘□

9 簡易―単□

10 真心―□意

き・こう・じゅう・じゅん・せい・たい・だん・ちょう・みつ・りん

2 団子（　　）
3 窓辺（　　）
4 処置（　　）
5 洗顔（　　）
7 異存（　　）
8 布製（　　）
9 源泉（　　）
10 並木（　　）

## 六

次の**カタカナ**を**漢字**になおし、**一字だけ**書きなさい。

/20
2点×10問

1 **スイ**理小説
2 無理**ナン**題
3 時間**ゲン**守
4 **ホ**欠選挙
5 法**リツ**改正
6 一日一**ゼン**
7 **セン**売特許
8 針小**ボウ**大
9 **セイ**人君子
10 水中**タン**査

## 八

後の□の中から漢字を選んで、次の意味にあてはまる**熟語**を作りなさい。答えは**記号**で書きなさい。

/10
2点×5問

[例] ひつじのけのこと。 → （羊毛） シ サ

1 仕事などをするために機械をうまく動かすこと。
2 社会の多数をしめる一ぱんの人々。
3 人数がそろっているか確かめること。
4 持ち前の能力をあますことなく示すこと。
5 整理・整とんされていないようす。

ア 作　イ 点　ウ 揮　エ 衆　オ 雑　カ 大
キ 発　ク 乱　ケ 操　コ 呼　サ 毛　シ 羊

## 九

漢字を二字組み合わせた熟語では、二つの漢字の間に意味の上で、次のような関係があります。

**ア** 反対や対《つい》になる意味の字を組み合わせたもの。（例・上下）

**イ** 同じような意味の字を組み合わせたもの。（例・森林）

**ウ** 上の字が下の字の意味を説明（修飾《しょく》）しているもの。（例・進路）

**エ** 下の字から上の字へ返って読むと意味がよくわかるもの。（例・開店）

次の**熟語**は、右の**ア**～**エ**のどれにあたるか、**記号**で答えなさい。

／20

2点×10問

1 翌週（　　）

2 視力（　　）

3 開幕（　　）

4 背後（　　）

5 朝晩（　　）

6 改革（　　）

7 干満（　　）

8 諸島（　　）

9 納税（　　）

10 樹海（　　）

## 十

次の――線の**カタカナ**を**漢字**になおしなさい。

／40

2点×20問

1 朝のさわやかな空気を**ス**いこむ。

2 デパートが**シンソウ**開店した。

3 マツやスギは**シンヨウジュ**だ。

4 母校の野球部が**ユウショウ**した。

5 顔にはまだ**オサナ**さが残っている。

6 毎朝ゆで**タマゴ**を食べる。

7 **タカラ**くじで一万円が当たった。

8 都内のアパートは**ヤチン**が高い。

9 ドーナッツに**サトウ**をまぶす。

| | | | | | | | | |
|---|---|---|---|---|---|---|---|---|
| | | | | | | | | |

## 十

次の——線の**カタカナ**を**漢字**になおしなさい。

2点×10問 　／20

1 母のお**トモ**で買い物に行く。

2 持つべきものは**トモ**だ。

3 重大な**キ**機に追いこまれた。

4 母が大切にしていた食**キ**を割ってしまう。

5 車が**コ**障したので修理してもらった。

6 自**コ**をふり返ってよく考える。

7 先生に朝顔の育て方を相**ダン**する。

8 駅の階**ダン**をかけのぼる。

9 マンションの高**ソウ**階に住む。

10 発表会でピアノを演**ソウ**する。



10 コロッケを**タワラ**形に作る。

11 雨のため試合は**ヒノ**べされた。

12 ケガをした指に包帯を**マ**く。

13 **コクモツ**の生産高が上がる。

14 **ゾウキ**移植手術を受ける。

15 **ワタシ**の荷物が見当たらない。

16 争いは**サイバン**に持ちこまれた。

17 日本列島を山脈が**タテ**に走っている。

18 敵に対して**センセン**布告をした。

19 あの男の態度は**ソンダイ**だ。

20 雨**フ**って地固まる

実力チェック!!

# 本試験型テスト 第6回

140点以上で合格！

制限時間 60分

月　日

/200

解答 → 別冊 P.28

## 一

次の——線の**漢字の読み**を**ひらがな**で書きなさい。

/20　1点×20問

1 父の**遺志**を息子が引きついだ。（　　）

2 名前を呼ばれて**我**に返った。（　　）

3 歩道の**拡張**工事が進められる。（　　）

4 冷えないように**腹巻**をする。（　　）

5 元気な男の子が**誕生**した。（　　）

6 兄は**自尊心**が強い。（　　）

7 条例の改正案は**否決**された。（　　）

8 家族で教会に**礼拝**に行く。（　　）

## 二

次の漢字の**部首**と**部首名**を、後の□の中から選び、**記号**で答えなさい。

/10　1点×10問

[例] 休……（あ）（ア）　部首　部首名

| | 部首 | 部首名 |
|---|---|---|
| 乳…… | 1（　） | 2（　） |
| 幕…… | 3（　） | 4（　） |
| 熟…… | 5（　） | 6（　） |
| 卵…… | 7（　） | 8（　） |
| 恩…… | 9（　） | 10（　） |

あ 亻　い 心　う 灬
え 卩　お 艹　か 勹
き 乚　く 巾　け 爫
こ 厂

ア にんべん　イ つめかんむり・つめがしら
ウ おつ　エ つつみがまえ
オ はば　カ くさかんむり
キ わりふ・ふしづくり　ク れんが・れっか
ケ こころ　コ がんだれ

9 検査の結果、**肺**が弱っていた。（　　）

10 色とりどりの花がさき**乱**れる。（　　）

11 **机**の上は書類の山だ。（　　）

12 お酒を祖父の墓前に**供**える。（　　）

13 人をむやみに**疑**わない。（　　）

14 選手の好プレーに**興奮**する。（　　）

15 しおりをはさんで本を**閉**じた。（　　）

16 女王**陛下**が愛したバラを育てる。（　　）

17 ガソリンを**補給**した。（　　）

18 **片目**を閉じて合図をする。（　　）

19 市場で**干**した魚を売っていた。（　　）

20 秋の野のにしきの**裏**は枯《かれ》野かな（　　）



## 三

次の漢字の**太い画**のところは**筆順の何画目**か、また**総画数は何画**か、**算用数字**（1、2、3……）で答えなさい。

／10

1点×10問

［例］ 間……（9）（12）　何画目　総画数

| 漢字 | 何画目 | 総画数 |
| --- | --- | --- |
| 揮 | 1（　） | 2（　） |
| 簡 | 3（　） | 4（　） |
| 劇 | 5（　） | 6（　） |
| 舌 | 7（　） | 8（　） |
| 厳 | 9（　） | 10（　） |

## 四

次の——線の**カタカナ**の部分を**漢字一字**と**送りがな（ひらがな）**になおしなさい。

［例］ 冬は日がミジカイ ⬇ 短い

1 朝のうちに用事を**スマセル**。

2 機械の操作を**アヤマル**。

3 ガムを紙に包んで**ステル**。

4 歩きすぎてひざを**イタメル**。

5 **イタル**所に石ころが落ちていた。

| | | | | |
|---|---|---|---|---|
| | | | | |

／10
2点×5問

## 五

漢字の読みには**音**と**訓**があります。次の**熟語の読み**は［　］の中のどの組み合わせになっていますか。**ア～エ**の**記号**で答えなさい。

／20
2点×10問

ア 音と音　イ 音と訓　ウ 訓と訓　エ 訓と音

1 誌面（　　）

6 若葉（　　）

## 七

後の［　］の中のひらがなを漢字になおして、**対義語**（意味が反対や対《つい》になることば）と、**類義語**（意味がよくにたことば）を書きなさい。［　］の中のひらがなは**一度だけ**使い、**漢字一字**を書きなさい。

／20
2点×10問

対義語

1 延長－短□

2 未熟－□熟

3 定刻－□時

4 外出－在□

5 無視－□重

類義語

6 方策－手□

7 努力－□勉

8 未来－□来

9 広告－□伝

10 進歩－発□

きん・しゅく・しょう・せん・そん・たく
だん・てん・りん・れん

2 古傷（　　）
3 株式（　　）
4 処置（　　）
5 現場（　　）
7 晩飯（　　）
8 首筋（　　）
9 班員（　　）
10 庁舎（　　）

## 六

次の**カタカナ**を**漢字**になおし、**一字だけ**書きなさい。

/20
2点×10問

1 自**コ**中心
2 人工呼**キュウ**
3 宇**チュウ**遊泳
4 地方分**ケン**
5 直**シャ**日光

| | | | | |
|---|---|---|---|---|
| 1 | 2 | 3 | 4 | 5 |

6 **キョウ**土芸能
7 公平無**シ**
8 役**ワリ**分担
9 地下資**ゲン**
10 危急存**ボウ**

| | | | | |
|---|---|---|---|---|
| 6 | 7 | 8 | 9 | 10 |

## 八

後の□の中から漢字を選んで、次の意味にあてはまる**熟語**を作りなさい。答えは**記号**で書きなさい。

/10
2点×5問

[例] ひつじのけのこと。→（羊毛）シ サ

1 秋になって木々の葉が赤くなること。
2 正常な運営やスムーズな進行をさまたげるもの。
3 その地方に散在するいくつかのしま。
4 ある組織の中で中心となって働く責任者。
5 同じ目的のために同じ行動をとることを約束すること。

| | | | | | |
|---|---|---|---|---|---|
| ア 諸 | イ 害 | ウ 同 | エ 脳 | オ 障 | カ 葉 |
| キ 首 | ク 紅 | ケ 盟 | コ 島 | サ 毛 | シ 羊 |

## 九

漢字を二字組み合わせた熟語では、二つの漢字の間に意味の上で、次のような関係があります。

**ア** 反対や対《つい》になる意味の字を組み合わせたもの。（例・上下）

**イ** 同じような意味の字を組み合わせたもの。（例・森林）

**ウ** 上の字が下の字の意味を説明（修飾《しょく》）しているもの。（例・進路）

**エ** 下の字から上の字へ返って読むと意味がよくわかるもの。（例・開店）

次の**熟語**は、右の**ア**～**エ**のどれにあたるか、**記号**で答えなさい。

／20

2点×10問

1 除去（　　）

2 回覧（　　）

3 納金（　　）

4 善悪（　　）

5 徒党（　　）

6 車窓（　　）

7 寒暖（　　）

8 洗顔（　　）

9 服従（　　）

10 強敵（　　）

## 十

次の――線の**カタカナ**を**漢字**になおしなさい。

／40

2点×20問

1 小学生以下の**ウンチン**は無料だ。

2 クジラが空高く**シオ**をふいた。

3 王者がちょう戦者を**シリゾ**けた。

4 たなの上に手が**トド**かない。

5 雪を**イタダ**いた冬山が美しい。

6 **セイイ**をもって解決に当たる。

7 ここは会員**センヨウ**の部屋だ。

8 よく**ジュク**したカキの実を食べる。

9 **シャクド**を変えて物事を見る。

| | | | | | | | | |
|---|---|---|---|---|---|---|---|---|
| | | | | | | | | |

## 十

次の——線の**カタカナ**を**漢字**になおしなさい。

／20

2点×10問

1 兄のひと**コト**で問題は解決した。

2 意見の**コト**なるグループがある。

3 **シュウ**業式の日に通知表が配られた。

4 今月の**シュウ**支を計算する。

5 **トウ**分のとりすぎに注意する。

6 ケーキを均**トウ**に分ける。

7 兄は**ホウ**道機関で働いている。

8 アンデスの秘**ホウ**が展示された。

9 **コウ**族の血をひく女性だ。

10 学**コウ**までは歩いて三十分かかる。

10 **ワケ**のわからない話だった。

11 **コンナン**な問題にぶつかる。

12 仲間と**クルマザ**になって歌った。

13 公園の**スナバ**で遊ぶ。

14 **ドウシ**の活用形を暗記した。

15 **スイジョウキ**でガラスがくもる。

16 フルーツをかごに**モ**り合わせる。

17 足元の**ダンサ**に注意する。

18 ウサギが**スアナ**ににげこんだ。

19 ようやく実力が**ミト**められた。

20 類は友を**ヨ**ぶ

実力チェック!!

# 本試験型テスト 第7回

140点以上で合格!

制限時間 60分

月　日

／200

解答 → 別冊 P.30

## 一

次の――線の漢字の読みをひらがなで書きなさい。

／20　1点×20問

1 しぼりたての**牛乳**を飲む。（　　）

2 外国語を覚えるのは**難**しい。（　　）

3 配られた書類の**枚数**を数える。（　　）

4 暑さで**食欲**が減退する。（　　）

5 **簡潔**でわかりやすい説明だ。（　　）

6 大きく息を**吸**う。（　　）

7 交通量が多く**危**ない道路だ。（　　）

8 関東**広域**にスギ花粉が飛ぶ。（　　）

## 二

次の漢字の部首と部首名を後の□の中から選び、記号で答えなさい。

／10　1点×10問

［例］休……（あ）部首（ア）部首名

| | 部首 | 部首名 |
|---|---|---|
| 泉…… | 1（　） | 2（　） |
| 奏…… | 3（　） | 4（　） |
| 就…… | 5（　） | 6（　） |
| 妻…… | 7（　） | 8（　） |
| 将…… | 9（　） | 10（　） |

あ 亻　い 白　う 女　え 尢　お 亠　か 水　き 寸　く 大　け 人　こ 爫

ア にんべん　イ ひと　ウ だいのまげあし　エ だい　オ みず　カ なべぶた・けいさんかんむり　キ すん　ク おんな　ケ つめかんむり・つめがしら　コ しろ

9 海底のようすが**映**し出された。（　　）

10 店の**看板**が風で飛ばされた。（　　）

11 カラオケの**割引券**をもらった。（　　）

12 アリが**巣穴**にエサを運ぶ。（　　）

13 大型で**並**の強さの台風がくる。（　　）

14 かれは**筋骨**たくましい人だ。（　　）

15 日本の**経済**の動向を調査する。（　　）

16 アパートが**密集**している。（　　）

17 びんのふたをきつく**閉**める。（　　）

18 お世話になった知人を**訪**ねる。（　　）

19 先生の手本を**模写**する。（　　）

20 **舌**はわざわいの根（　　）

## 三

次の漢字の**太い画**のところは**筆順の何画目**か、また**総画数は何画**か、**算用数字**（1、2、3……）で答えなさい。

［例］ 間……（9）（12）
何画目　総画数

1点×10問　／10

| 漢字 | 何画目 | 総画数 |
| --- | --- | --- |
| 盛 | 1（　） | 2（　） |
| 諸 | 3（　） | 4（　） |
| 臓 | 5（　） | 6（　） |
| 装 | 7（　） | 8（　） |
| 秘 | 9（　） | 10（　） |

## 四

次の――線の**カタカナ**の部分を**漢字一字**と**送りがな（ひらがな）**になおしなさい。

［例］ 冬は日が**ミジカイ** ⬇ 短い

10
2点×5問

1 ライバルの実力を**ミトメル**。

2 **オサナイ**子が母親に連れられている。

3 地方によって風習は**コトナル**。

4 この川は流れが**ハゲシイ**。

5 乗客を駅で**オロス**。

|  |  |  |  |  |
|---|---|---|---|---|
| 1 | 2 | 3 | 4 | 5 |
|  |  |  |  |  |

## 五

漢字の読みには**音**と**訓**があります。次の**熟語の読み**は□の中のどの組み合わせになっていますか。**ア**〜**エ**の**記号**で答えなさい。

20
2点×10問

ア 音と音　イ 音と訓　ウ 訓と訓　エ 訓と音

1 穀物（　　）

6 幕下（　　）

## 七

後の□の中のひらがなを漢字になおして、**対義語**（意味が反対や対《つい》になることば）と、**類義語**（意味がよくにたことば）を書きなさい。□の中のひらがなは**一度だけ**使い、**漢字一字**を書きなさい。

20
2点×10問

**対義語**

1 遠洋―□海

2 死亡―□生

3 義務―□利

4 寒冷―温□

5 河口―水□

**類義語**

6 役者―俳□

7 帰順―□参

8 感心―□服

9 明細―内□

10 営業―□業

えん・けい・けん・げん・こう・そう
たん・だん・ゆう・わけ

2 出窓（　　）
3 骨肉（　　）
4 片面（　　）
5 宝船（　　）

7 胃腸（　　）
8 兄貴（　　）
9 灰皿（　　）
10 遺族（　　）

## 六

次の**カタカナ**を**漢字**になおし、**一字だけ**書きなさい。

/20
2点×10問

1 大器**バン**成
2 **ショ**名運動
3 切手**シュウ**集
4 賛否両**ロン**
5 質**ギ**応答

| 1 | 2 | 3 | 4 | 5 |
| --- | --- | --- | --- | --- |
| | | | | |

6 **セン**業主婦
7 非常階**ダン**
8 天地**ソウ**造
9 自由自**ザイ**
10 児童**ケン**章

| 6 | 7 | 8 | 9 | 10 |
| --- | --- | --- | --- | --- |
| | | | | |

## 八

後の□の中から漢字を選んで、次の意味にあてはまる**熟語**を作りなさい。答えは**記号**で書きなさい。

/10
2点×5問

[例] ひつじのけのこと。 ⬇ （羊毛） シ サ

1 ようすをさぐり、しらべること。
2 全体をいくつかにわけて受け持つこと。
3 満たされない物事をなんとしても満たしたいと思う心。
4 楽器の音を標準の音に合わせること。
5 解決の方法が見つからずに困りきること。

ア 査　イ 分　ウ 律　エ 欲　オ 担　カ 望
キ ロ　ク 探　ケ 閉　コ 調　サ 毛　シ 羊

## 九

漢字を二字組み合わせた熟語では、二つの漢字の間に意味の上で、次のような関係があります。

**ア** 反対や対《つい》になる意味の字を組み合わせたもの。（例・上下）

**イ** 同じような意味の字を組み合わせたもの。（例・森林）

**ウ** 上の字が下の字の意味を説明（修飾《しょく》）しているもの。（例・進路）

**エ** 下の字から上の字へ返って読むと意味がよくわかるもの。（例・開店）

次の**熟語**は、右の**ア**～**エ**のどれにあたるか、**記号**で答えなさい。

／20
2点×10問

1 潮流（　　）

2 難易（　　）

3 拝顔（　　）

4 納入（　　）

5 恩師（　　）

6 樹木（　　）

7 善行（　　）

8 表裏（　　）

9 立腹（　　）

10 存在（　　）

## 十

次の——線の**カタカナ**を**漢字**になおしなさい。

／40
2点×20問

1 キンセン面での不自由は無い。

2 電話でタクハイピザを注文した。

3 言いつけをチュウジツに守る。

4 悪人に法のサバきが下された。

5 さとりの境地にイタる。

6 心配で命がチヂまる思いがした。

7 全員がその意見にシタガった。

8 かれは人をイるような目で見た。

9 今年の水不足はシンコクだ。

| | | | | | | | | |
|---|---|---|---|---|---|---|---|---|
| | | | | | | | | |

## 十

次の——線の**カタカナ**を**漢字**になおしなさい。

/20

2点×10問

1 ここは兄が**ツト**める会社だ。

2 会議の書記を**ツト**める。

3 組織の実**ケン**をにぎる。

4 国語の試**ケン**で満点を取った。

5 答案用紙に自分の**シ**名を書く。

6 **シ**力検査を行う。

7 弟とジグソーパズルを完**セイ**させた。

8 **セイ**火ランナーに選ばれる。

9 **ヨウ**児教育に熱心な親も多い。

10 太**ヨウ**にある黒点を観察する。

10 父は子どもを**ゲンカク**に育てた。

11 五十音順に名前を**ヨ**ばれる。

12 スズメが**スナ**あびをしている。

13 とんでもない**ゴカイ**を受ける。

14 希望で**ムネ**がふくらんだ。

15 父の**キョウリ**の池で魚をつる。

16 **ウチュウ**船を打ち上げる。

17 文学全集を**ゼンカン**そろえる。

18 姉は**ゲキダン**に所属している。

19 クリスマスムードに**ソ**まる。

20 真綿に**ハリ**を包む

**実力チェック!!**

# 本試験型テスト 第8回

140点以上で合格！

制限時間 60分

月　日

／200

解答 → 別冊 P.32

## 一

次の——線の**漢字の読み**を**ひらがな**で書きなさい。

／20　1点×20問

1 星座にまつわる神話を調べる。（　　）

2 貴族の血を引いている。（　　）

3 故郷の母をなつかしむ。（　　）

4 勇気を奮い起こして進む。（　　）

5 念願の主役を射止めた。（　　）

6 妹は卵アレルギーだ。（　　）

7 ずっと戸が閉まったままの店だ。（　　）

8 川の流れに沿って道路を作る。（　　）

## 二

次の漢字の**部首**と**部首名**を後の□の中から選び、**記号**で答えなさい。

／10　1点×10問

［例］休……部首（あ）部首名（ア）

| 漢字 | 部首 | 部首名 |
| --- | --- | --- |
| 善 | 1（　　） | 2（　　） |
| 脳 | 3（　　） | 4（　　） |
| 閣 | 5（　　） | 6（　　） |
| 欲 | 7（　　） | 8（　　） |
| 筋 | 9（　　） | 10（　　） |

あ 亻　い ⺮　う 谷　え 月　お 羊　か 力　き 口　く 山　け 欠　こ 門

ア にんべん　イ うけばこ　ウ あくび・かける　エ くち　オ もんがまえ　カ にくづき　キ ちから　ク ひつじ　ケ たに　コ たけかんむり

9 古い組織を**改革**する。（　　）

10 自転車のカギをかけ**忘**れた。（　　）

11 かれは今人気**絶頂**の歌手だ。（　　）

12 医は**仁術**といわれる。（　　）

13 夫は**株**に投資している。（　　）

14 無理を**承知**でお願いする。（　　）

15 事態を丸く**収**める。（　　）

16 この建物は**縦**に長く見える。（　　）

17 **熟練**した職人が作った工芸品を買う。（　　）

18 **大衆**の意見を代表する。（　　）

19 発表会で楽器の**合奏**を行った。（　　）

20 この道や行く人なしに秋の**暮**れ（　　）

## 三

次の漢字の**太い画**のところは**筆順の何画目**か、また**総画数は何画**か、**算用数字**（1、2、3……）で答えなさい。

/10　1点×10問

［例］ 間……（9）何画目（12）総画数

| | 何画目 | 総画数 |
|---|---|---|
| 憲…… | 1（　　） | 2（　　） |
| 裁…… | 3（　　） | 4（　　） |
| 縦…… | 5（　　） | 6（　　） |
| 尊…… | 7（　　） | 8（　　） |
| 蔵…… | 9（　　） | 10（　　） |

## 四

次の――線の**カタカナ**の部分を**漢字一字**と**送りがな（ひらがな）**になおしなさい。

［例］冬は日がミジカイ ⬇ 短い

／10
2点×5問

1 美しい風景に心が**アラワレル**。

2 のんびりとつり糸を**タレル**。

3 今年の夏は**キビシイ**暑さだ。

4 開会の時間が**ノビル**。

5 **トウトイ**命を守る。

| | | | | |
|---|---|---|---|---|
| | | | | |

## 五

漢字の読みには**音**と**訓**があります。次の**熟語の読み**は□の中のどの組み合わせになっていますか。**ア～エ**の**記号**で答えなさい。

／20
2点×10問

ア 音と音　イ 音と訓　ウ 訓と訓　エ 訓と音

1 担当（　　）

6 毛並（　　）

## 七

後の□の中のひらがなを漢字になおして、**対義語**（意味が反対や対《つい》になることば）と、**類義語**（意味がよくにたことば）を書きなさい。□の中のひらがなは**一度だけ**使い、**漢字一字**を書きなさい。

／20
2点×10問

**対義語**

1 容易―□難

2 進化―□化

3 整然―□雑

4 借用―返□

5 快楽―苦□

**類義語**

6 用意―準□

7 消息―安□

8 民意―世□

9 均等―一□

10 作家―□者

こん・さい・たい・ちょ・つう・び・ぴ・らん・りつ・ろん

2 石段（　　）

3 模様（　　）

4 売値（　　）

5 度胸（　　）

7 片方（　　）

8 針金（　　）

9 本音（　　）

10 存亡（　　）

## 六

次の**カタカナ**を**漢字**になおし、**一字だけ**書きなさい。

/20

2点×10問

1 同工**イ**曲

2 開会**セン**言

3 面従腹**ハイ**

4 高**ソウ**建築

5 国際連**メイ**

6 温**セン**旅行

7 **スイ**理小説

8 **ウ**宙空間

9 女王**ヘイ**下

10 地**イキ**社会

## 八

後の□の中から漢字を選んで、次の意味にあてはまる**熟語**を作りなさい。答えは**記号**で書きなさい。

/10

2点×5問

[例] ひつじのけのこと。 ⬇ （羊毛）シ サ

1 子どもが生まれる予定の月。

2 いっしょに仕事をする仲間のこと。

3 作品や制作物などを多くの人に見せること。

4 学校の成績がずばぬけてよいこと。

5 洋服などを作るためにサイズを測ること。

ア 棒　イ 展　ウ 臨　エ 寸　オ 等　カ 月
キ 優　ク 相　ケ 覧　コ 採　サ 毛　シ 羊

## 九

漢字を二字組み合わせた熟語では、二つの漢字の間に意味の上で、次のような関係があります。

**ア** 反対や対《つい》になる意味の字を組み合わせたもの。（例・上下）

**イ** 同じような意味の字を組み合わせたもの。（例・森林）

**ウ** 上の字が下の字の意味を説明（修飾《しょく》）しているもの。（例・進路）

**エ** 下の字から上の字へ返って読むと意味がよくわかるもの。（例・開店）

次の**熟語**は、右の**ア**～**エ**のどれにあたるか、**記号**で答えなさい。

/20

2点×10問

1 専用（　　）

2 就任（　　）

3 寒暖（　　）

4 自己（　　）

5 窓辺（　　）

6 除草（　　）

7 主従（　　）

8 疑念（　　）

9 負傷（　　）

10 乗降（　　）

## 十二

次の――線の**カタカナ**を**漢字**になおしなさい。

/40

2点×20問

1 あの人が当選するのは<u>ヒッシ</u>だ。

2 車が信号を<u>ムシ</u>して走りさった。

3 年末に<u>ショウジ</u>をはりかえた。

4 お年玉を母に<u>アズ</u>かってもらった。

5 古くなった書類を<u>ス</u>てた。

6 歌が母の元気の<u>ミナモト</u>だ。

7 この冬は<u>コウセツ</u>量が多かった。

8 シソの<u>ワカ</u>い葉を天ぷらにする。

9 <u>キヌ</u>ごしどうふを食べる。

| 9 | 8 | 7 | 6 | 5 | 4 | 3 | 2 | 1 |
|---|---|---|---|---|---|---|---|---|
| | | | | | | | | |

## 十

次の——線の**カタカナ**を**漢字**になおしなさい。

20
2点×10問

1 先ほどの無礼を**アヤマ**る。
2 計算を**アヤマ**る。

3 試験の対**サク**を練る。
4 **サク**年の全国大会で優勝した。

5 母にメールを**ソウ**信した。
6 プレゼント用に包**ソウ**してもらう。

7 **シ**財を投じて学校をつくる。
8 戦国時代の重要な**シ**料が発見された。

9 **コウ**門前で待ち合わせる約束をした。
10 親**コウ**行な息子《むすこ》だ。

| | | | | | | | | | |
|---|---|---|---|---|---|---|---|---|---|
| | | | | | | | | | |

10 私にそこまでの**ケンゲン**はない。
11 子どもたちが人形**ゲキ**をする。
12 ふたりは**シンミツ**な関係にある。
13 春らしい色の**クチベニ**を買う。
14 父は電車で**ツウキン**している。
15 森の中で**シンコキュウ**をする。
16 ポットの中の水を飲み**ホ**す。
17 空が**ハイイロ**にくもってきた。
18 虫めがねで**カクダイ**して見る。
19 時計のネジを**マ**く。
20 **アナ**があったら入りたい

| | | | | | | | | | | |
|---|---|---|---|---|---|---|---|---|---|---|
| | | | | | | | | | | |

**実力チェック!!**

# 本試験型テスト 第9回

140点以上で合格!

制限時間 60分

月　日

/200

解答→別冊 P.34

## 一

次の——線の**漢字の読み**を**ひらがな**で書きなさい。

1点×20問　/20

1 教科書の**裏**に名前を書く。
(　　)

2 本文の下に**訳注**がある。
(　　)

3 **過密**なスケジュールだ。
(　　)

4 降水量を**棒**グラフで表す。
(　　)

5 **胃腸**の病気で入院する。
(　　)

6 久しぶりに**腹**の底から笑った。
(　　)

7 **骨**が折れる仕事を引き受けた。
(　　)

8 **雑誌**の記事をスクラップする。
(　　)

## 二

次の漢字の**部首**と**部首名**を後の□の中から選び、**記号**で答えなさい。

1点×10問　/10

[例] 休……(あ)(ア)
　　　　　部首　部首名

| | 部首 | 部首名 |
| --- | --- | --- |
| 認 | 1 (　) | 2 (　) |
| 奮 | 3 (　) | 4 (　) |
| 担 | 5 (　) | 6 (　) |
| 染 | 7 (　) | 8 (　) |
| 臨 | 9 (　) | 10 (　) |

あ 亻　い 丿　う 扌　え 臣　お 氵
か 心　き 口　く 言　け 木　こ 大

ア にんべん　イ の・はらいぼう　ウ こころ　エ き　オ くち
カ だい　キ ごんべん　ク てへん　ケ しん　コ さんずい

9 姉の花よめ**姿**は美しかった。

10 四季折々の**俳句**を読む。

11 **机**の引き出しに手紙をしまう。

12 **容疑者**は三人にしぼられた。

13 ハチが花のミツを**吸**っている。

14 サメが人間に**危害**を加える。

15 名門の**血筋**だと自負する。

16 テーブルにごちそうが**並**んだ。

17 スポーツカーの**模型**を作る。

18 家の**窓**に明かりがともる。

19 **専任**のコーチがついている。

20 五月雨《さみだれ》の**降**りのこしてや光堂

## 三

次の漢字の**太い画**のところは**筆順の何画目**か、また**総画数は何画**か、**算用数字**（1、2、3……）で答えなさい。

［例］ 間……（9）（12）
何画目 総画数

| 漢字 | 何画目 | 総画数 |
|---|---|---|
| 絹 | 1（　） | 2（　） |
| 冊 | 3（　） | 4（　） |
| 券 | 5（　） | 6（　） |
| 策 | 7（　） | 8（　） |
| 垂 | 9（　） | 10（　） |

／10
1点×10問

## 四

次の——線の**カタカナ**の部分を**漢字一字**と**送りがな(ひらがな)**になおしなさい。

10
2点×5問

[例] 冬は日がミジカイ ⬇ 短い

1 足りない人手をオギナウ。

2 会社に書類をトドケル。

3 ふたりを公平にサバク。

4 兄弟の身長差がチヂマル。

5 時計の針が時をキザム。

## 五

漢字の読みには**音**と**訓**があります。次の**熟語の読み**は□の中のどの組み合わせになっていますか。ア〜エの**記号**で答えなさい。

20
2点×10問

ア 音と音　イ 音と訓　ウ 訓と訓　エ 訓と音

1 取捨（　　）

6 紅色（　　）

## 七

後の□の中のひらがなを漢字になおして、**対義語**(意味が反対や対《つい》になることば)と、**類義語**(意味がよくにたことば)を書きなさい。□の中のひらがなは**一度だけ**使い、**漢字一字**を書きなさい。

20
2点×10問

**対義語**

1 退職－□職

2 好意－□意

3 制服－□服

4 前提－結□

5 地味－□手

**類義語**

6 実直－□勉

7 不服－□議

8 運転－□作

9 始末－□理

10 感動－感□

い・きん・げき・し・しゅう・しょ・そう
てき・は・ろん

2 節穴（　　）（　　）
3 株価（　　）（　　）
4 重箱（　　）（　　）
5 樹液（　　）（　　）
7 尺八（　　）（　　）
8 優先（　　）（　　）
9 野宿（　　）（　　）
10 縦笛（　　）（　　）

## 六

次の**カタカナ**を**漢字**になおし、**一字だけ**書きなさい。

2点×10問　／20

1 **ナン**行苦行
2 共**ゾン**共栄
3 加減乗**ジョ**
4 技術**カク**新
5 **コク**倉地帯
6 一心不**ラン**
7 博**ラン**強記
8 下**ソウ**階級
9 **ヘイ**館時間
10 **ユウ**便番号

## 八

後の□の中から漢字を選んで、次の意味にあてはまる**熟語**を作りなさい。答えは**記号**で書きなさい。

2点×5問　／10

[例] ひつじのけのこと。➡（羊毛）シ サ

1 年を取ってから成功すること。
2 特別な人にしか教えない事がら。
3 相手の気持ちを思いやるやさしい心。
4 代金の受けわたしをし、売買取引を終えること。
5 親の言いつけをよく守り、めんどうを見ること。

ア 愛　イ 秘　ウ 行　エ 仁　オ 済　カ 決
キ 孝　ク 成　ケ 伝　コ 晩　サ 毛　シ 羊

## 九

漢字を二字組み合わせた熟語では、二つの漢字の間に意味の上で、次のような関係があります。

**ア** 反対や対《つい》になる意味の字を組み合わせたもの。（例・上下）

**イ** 同じような意味の字を組み合わせたもの。（例・森林）

**ウ** 上の字が下の字の意味を説明（修飾《しょく》）しているもの。（例・進路）

**エ** 下の字から上の字へ返って読むと意味がよくわかるもの。（例・開店）

次の**熟語**は、右の**ア**～**エ**のどれにあたるか、**記号**で答えなさい。

/20

2点×10問

1 誤解（　）

2 簡易（　）

3 安危（　）

4 看病（　）

5 常備（　）

6 軽視（　）

7 拡縮（　）

8 単純（　）

9 規律（　）

10 暖冬（　）

## 十

次の――線の**カタカナ**を**漢字**になおしなさい。

/40

2点×20問

1 力不足を**ツウセツ**に感じた。

2 その議員に**ヒハン**が集中した。

3 水道料金を**オサ**める。

4 子供の考えを**ソンチョウ**する。

5 仕事を社員で**ブンタン**した。

6 夕方には野菜が**ネビ**きされる。

7 よごれたくつを**アラ**う。

8 姉は年より**ワカ**く見える。

9 **シュウハ**をこえて団結する。

# 十

次の——線の**カタカナ**を**漢字**になおしなさい。

/20

2点×10問

1 DVDをテレビ画面に**ウツ**す。

2 風景をカメラで**ウツ**す。

3 テストの**テン**数は思ったよりもよかった。

4 ショールームに新車を**テン**示する。

5 空**ソウ**上の生き物の絵をかく。

6 美術作品を**ソウ**造する。

7 ブドウには果**トウ**が多くふくまれる。

8 **トウ**分の間安静にしなくてはならない。

9 大学の夏季**コウ**座に参加する。

10 打ち上げの成**コウ**に世界中がわいた。

10 弓矢で遠くの的を**イ**る。

11 **ショウガイブツ**リレーに出る。

12 **ジョウキ**で走る機関車だ。

13 熱い声えんで試合を**モ**り上げる。

14 宿題を**ワス**れて立たされた。

15 会議の場所を**テイキョウ**する。

16 明日は**ケイロウ**の日だ。

17 重い**コメダワラ**を楽々とかつぐ。

18 太平洋**エンガン**で漁をする。

19 与《あた》えられた**ヤクワリ**を果たす。

20 後足で**スナ**をかける

**実力チェック!!**

# 本試験型テスト 第10回

140点以上で合格！

制限時間 60分

月　日

／200

解答 → 別冊 P.36

## 一

次の――線の**漢字の読み**を**ひらがな**で書きなさい。

／20　1点×20問

1 **我**ながらよくがんばった。（　　）

2 そろそろ**干潮**の時間だ。（　　）

3 **危**ない橋をわたることはしない。（　　）

4 人の意見を頭から**退**ける。（　　）

5 美しい**絹**のスカーフを買う。（　　）

6 関東は明け方に**暴風域**に入る。（　　）

7 その人は**高貴**な生まれだ。（　　）

8 年老いた父を**敬**う。（　　）

## 二

次の漢字の**部首**と**部首名**を後の□の中から選び、**記号**で答えなさい。

／10　1点×10問

［例］休……（あ）（ア）　部首　部首名

| | 部首 | 部首名 |
|---|---|---|
| 蚕…… | 1（　） | 2（　） |
| 姿…… | 3（　） | 4（　） |
| 蒸…… | 5（　） | 6（　） |
| 推…… | 7（　） | 8（　） |
| 憲…… | 9（　） | 10（　） |

あ 亻　い 隹　う 扌　え 心　お 虫　か 艹　き 大　く 灬　け 女　こ 宀

ア にんべん　イ むし　ウ れんが・れっか　エ おんな　オ こころ　カ ふるとり　キ くさかんむり　ク てへん　ケ うかんむり　コ だい

9 まるで**悲劇**のヒロインだ。（　　）

10 **砂糖**ひかえめのケーキを作る。（　　）

11 世界には多くの**難民**がいる。（　　）

12 **視線**を合わせて話をする。（　　）

13 商品を店に**納**める。（　　）

14 ロケットの**発射**に成功した。（　　）

15 ヒヨコが**卵**からかえる。（　　）

16 身が**縮**む思いをした。（　　）

17 父はやっと首を**縦**にふった。（　　）

18 **傷**ついた小鳥を助けた。（　　）

19 店の**内装**を洋風に仕上げる。（　　）

20 なんじの**敵**を愛せよ（　　）

## 三

次の漢字の**太い画**のところは**筆順の何画目**か、また**総画数は何画**か、**算用数字**（1、2、3……）で答えなさい。

/10
1点×10問

［例］ 間……（9）（12）
何画目　総画数

| | 何画目 | 総画数 |
|---|---|---|
| 革…… | 1（　） | 2（　） |
| 閣…… | 3（　） | 4（　） |
| 貴…… | 5（　） | 6（　） |
| 吸…… | 7（　） | 8（　） |
| 降…… | 9（　） | 10（　） |

## 四

次の——線の**カタカナ**の部分を**漢字一字**と**送りがな(ひらがな)**になおしなさい。

[例] 冬は日がミジカイ ⬇ 短い

／10　2点×5問

1 ヤナギの枝が下方に**タレル**。

2 たくさんの家来を**シタガエル**。

3 これは大事な**アズカリ**物だ。

4 あの先生の採点は**キビシイ**。

5 日本の法によって**サバカレル**。

## 五

漢字の読みには**音**と**訓**があります。次の**熟語の読み**は[　]の中のどの組み合わせになっていますか。ア～エの**記号**で答えなさい。

／20　2点×10問

ア 音と音　イ 音と訓　ウ 訓と訓　エ 訓と音

1 簡便（　　）

6 並木（　　）

## 七

後の[　]の中のひらがなを漢字になおして、**対義語**(意味が反対や対《つい》になることば)と、**類義語**(意味がよくにたことば)を書きなさい。[　]の中のひらがなは**一度だけ**使い、**漢字一字**を書きなさい。

／20　2点×10問

**対義語**

1 横断—[　]断

2 支出—[　]入

3 冷静—興[　]

4 許可—[　]止

5 不実—[　]実

**類義語**

6 方法—手[　]

7 外国—[　]国

8 給料—[　]金

9 後方—[　]後

10 指図—指[　]

い・き・きん・しゅう・じゅう・せい・だん・ちん・はい・ふん

2 除夜（　　）
3 古本（　　）
4 宝箱（　　）
5 相棒（　　）

7 曜日（　　）
8 片時（　　）
9 育児（　　）
10 冷蔵（　　）

## 六

次の**カタカナ**を**漢字**になおし、**一字だけ**書きなさい。

2点×10問　/20

1 **カブ**主総会
2 三**ケン**分立
3 人気絶**チョウ**
4 私利私**ヨク**
5 一**コク**千金
6 適者生**ゾン**
7 同時通**ヤク**
8 独断**セン**行
9 **ユウ**先順位
10 景気対**サク**

## 八

後の□の中から漢字を選んで、次の意味にあてはまる**熟語**を作りなさい。答えは**記号**で書きなさい。

2点×5問　/10

[例] ひつじのけのこと。 ➡（羊毛）シ サ

1 ある物事がどれだけ役立つかという程度。
2 神仏・聖人などが生まれること。
3 どんなことにも負けず、自分の信念を通そうとする強い気持ち。
4 それ以外のなにものでもないようす。
5 仕事に取りかかること。

ア 骨　イ 値　ウ 純　エ 降　オ 就　カ 然
キ 業　ク 誕　ケ 価　コ 気　サ 毛　シ 羊

## 九

漢字を二字組み合わせた熟語では、二つの漢字の間に意味の上で、次のような関係があります。

**ア** 反対や対《つい》になる意味の字を組み合わせたもの。（例・上下）

**イ** 同じような意味の字を組み合わせたもの。（例・森林）

**ウ** 上の字が下の字の意味を説明（修飾《しょく》）しているもの。（例・進路）

**エ** 下の字から上の字へ返って読むと意味がよくわかるもの。（例・開店）

次の**熟語**は、右の**ア**～**エ**のどれにあたるか、**記号**で答えなさい。

/20

2点×10問

1 幼虫（　　）

2 延期（　　）

3 映写（　　）

4 開閉（　　）

5 納会（　　）

6 帰郷（　　）

7 温暖（　　）

8 合奏（　　）

9 興亡（　　）

10 熟知（　　）

## 十

次の――線の**カタカナ**を**漢字**になおしなさい。

/40

2点×20問

1 新しい機械の導入を**ケントウ**する。

2 あの人は**チョメイ**な画家だ。

3 **コンバン**は満月が見られそうだ。

4 母が**ハリ**仕事をしていた。

5 ほおが赤く**ソ**まった。

6 友人を**ヨ**んで食事をした。

7 人々を貧困から**キュウサイ**する。

8 友の変わりように目を**ウタガ**う。

9 **マドベ**で夜風に当たる。

| | | | | | | | | |
|---|---|---|---|---|---|---|---|---|
| | | | | | | | | |

## 十

次の——線の**カタカナ**を**漢字**になおしなさい。

/20

2点×10問

1 試験にソナえて勉強する。

2 仏様に花をソナえる。

3 作家の死ボウ記事が新聞にのる。

4 希ボウしていた仕事に就いた。

5 日本コ有の生物を調べる。

6 自コの責任で問題を解決する。

7 ニトウ辺三角形の長さを測る。

8 父は政トウに属していない。

9 道路をカク張する。

10 カク式を重んじる家に生まれた。

10 ハイザラの吸いがらを捨てる。

11 とりのムネ肉を調理する。

12 地下鉄の駅でテイキケンを買った。

13 しばいのマクが上がった。

14 会議はナンコウした。

15 提《てい》案を頭からヒテイされた。

16 ここはふたりのヒミツの場所だ。

17 生徒の住所のイチランを作る。

18 家のウラに大きな雑木林がある。

19 ヤギのチチでチーズを作る。

20 長い物にはマかれろ

実力チェック!!

# 本試験型テスト 第11回

140点以上で合格!

制限時間 60分

月　日

/200

解答→別冊 P.38

## 一

次の——線の**漢字の読み**を**ひらがな**で書きなさい。

/20　1点×20問

1 数字を正しい順番に**並**べ直す。（　　）

2 組織の後ろに**黒幕**がいる。（　　）

3 社長には**秘書**が三人もいる。（　　）

4 **通学班**を作って登校する。（　　）

5 耳の**痛**い話を聞かされた。（　　）

6 海から**潮**の香りがしてくる。（　　）

7 牛の**乳**しぼりを体験する。（　　）

8 作業の**延**べ日数を計算する。（　　）

## 二

次の漢字の**部首**と**部首名**を後の□の中から選び、**記号**で答えなさい。

/10　1点×10問

[例] 休……（あ）（ア）　部首　部首名

部首　部首名

障……1（　）2（　）

専……3（　）4（　）

拝……5（　）6（　）

処……7（　）8（　）

晩……9（　）10（　）

あ 亻　い 𠆢　う 扌
え 寸　お 夕　か 田
き 阝　く 几　け ⺤
こ 日

ア にんべん　イ こざとへん
ウ た・ゆうべ　エ つくえ
オ ひとやね　カ た
キ つめかんむり・つめがしら　ク てへん
ケ すん　コ ひへん

9 **奮戦**したが予選で敗退した。（　）（　）

10 山の**頂**で高山植物を見た。（　）（　）

11 父には言い**訳**は通用しない。（　）（　）

12 試験結果は**翌日**に発表される。（　）（　）

13 **預金**通帳を初めて作った。（　）（　）

14 作戦は功を**奏**した。（　）（　）

15 教会は**神聖**な場所だ。（　）（　）

16 この春から国際線が**就航**する。（　）（　）

17 生徒たちを**厳重**に注意する。（　）（　）

18 その問題は**簡単**に解決した。（　）（　）

19 四時には店を**閉**じてしまう。（　）（　）

20 五月雨《さみだれ》や仏の花を**捨**てに出る（　）（　）

## 三

次の漢字の**太い画**のところは**筆順の何画目**か、また**総画数は何画**か、**算用数字**（1、2、3……）で答えなさい。

［例］間……（9）（12）　何画目　総画数

| 漢字 | 何画目 | 総画数 |
| --- | --- | --- |
| 存 | 1（　） | 2（　） |
| 密 | 3（　） | 4（　） |
| 納 | 5（　） | 6（　） |
| 拝 | 7（　） | 8（　） |
| 裏 | 9（　） | 10（　） |

／10　1点×10問

## 四

次の——線の**カタカナ**の部分を**漢字一字**と**送りがな（ひらがな）**になおしなさい。

10　2点×5問

［例］冬は日がミジカイ ➡ 短い

1 **オサナイ**日のことを思い出す。

2 生活のリズムが**ミダレル**。

3 みんなとは意見が**コトナル**。

4 風船が大きな音を立てて**ワレル**。

5 そのうわさは本当かと**ウタガウ**。

## 五

漢字の読みには**音**と**訓**があります。次の**熟語の読み**は［　］の中のどの組み合わせになっていますか。**ア～エ**の**記号**で答えなさい。

20　2点×10問

ア 音と音　イ 音と訓　ウ 訓と訓　エ 訓と音

1 吸引（　　）

6 係員（　　）

## 七

後の［　］の中のひらがなを漢字になおして、**対義語**（意味が反対や対《つい》になることば）と、**類義語**（意味がよくにたことば）を書きなさい。［　］の中のひらがなは**一度だけ**使い、**漢字一字**を書きなさい。

20　2点×10問

**対義語**

1 可決―□決

2 安全―□険

3 損失―□益

4 老人―□者

5 過去―□来

**類義語**

6 無礼―不□

7 達者―□練

8 支給―□給

9 寺院―仏□

10 正直―□実

かく・き・きょう・けい・しゅう・じゅく
しょう・せい・ひ・わか

2 豆本（　　）
3 筋金（　　）
4 度胸（　　）
5 模型（　　）
7 権利（　　）
8 重箱（　　）
9 絵姿（　　）
10 縦穴（　　）

## 六

次の**カタカナ**を**漢字**になおし、**一字だけ**書きなさい。

2点×10問　／20

1 **ジョ**名処分
2 三寸不**リツ**
3 議**ロン**百出
4 過**ゲキ**思想
5 一枚**カン**板
6 一進一**タイ**
7 **カン**頭記事
8 勢力**カク**大
9 無理**ナン**題
10 大雨**ケイ**報

## 八

後の□の中から漢字を選んで、次の意味にあてはまる**熟語**を作りなさい。答えは**記号**で書きなさい。

2点×5問　／10

[例] ひつじのけのこと。→（羊毛）シ サ

1 形式や働きなどがこみいっていないこと。
2 その物事を成り立たせているおおもと。
3 おもに自分の利益を上げるためにはかる計画。
4 液体が熱を加えられて気体になること。
5 問題となる事がらをいろいろな面からよく調べ、考えること。

| | | | | | |
|---|---|---|---|---|---|
| ア 源 | イ 略 | ウ 根 | エ 検 | オ 純 | カ 単 |
| キ 蒸 | ク 策 | ケ 討 | コ 発 | サ 毛 | シ 羊 |

## 九

2点×10問　／20

漢字を二字組み合わせた熟語では、二つの漢字の間に意味の上で、次のような関係があります。

**ア** 反対や対《つい》になる意味の字を組み合わせたもの。（例・上下）

**イ** 同じような意味の字を組み合わせたもの。（例・森林）

**ウ** 上の字が下の字の意味を説明（修飾《しょく》）しているもの。（例・進路）

**エ** 下の字から上の字へ返って読むと意味がよくわかるもの。（例・開店）

次の**熟語**は、右の**ア**～**エ**のどれにあたるか、**記号**で答えなさい。

1 政党（　　）

2 朝晩（　　）

3 謝恩（　　）

4 裁断（　　）

5 欲望（　　）

6 臨席（　　）

7 自著（　　）

8 射的（　　）

9 運賃（　　）

10 温泉（　　）

## 十

2点×20問　／40

次の――線の**カタカナ**を**漢字**になおしなさい。

1 兄は**ウチュウ**にあこがれている。

2 小川の流れに**ソ**って歩く。

3 **カブ**の売買に関する勉強をする。

4 **ワレサキ**にとバスに飛び乗った。

5 昔は**コウガン**の美少年だった。

6 手紙に**ゴジ**がないか見直しする。

7 母が**フトマキ**を作ってくれた。

8 外国を見て**シヤ**を広げたい。

9 **シンゾウ**に悪い話を聞かされる。

| | | | | | | | | |
|---|---|---|---|---|---|---|---|---|
| 9 | 8 | 7 | 6 | 5 | 4 | 3 | 2 | 1 |
| | | | | | | | | |

## 十

次の――線の**カタカナ**を**漢字**になおしなさい。

20
2点×10問

1 作業の進め**カタ**を説明する。

2 工事のため**カタ**側通行になった。

3 池で遊ぶことは**キン**止されている。

4 父は今年で**キン**続二十年だ。

5 作戦の指**キ**をとる。

6 日本には**キ**節の変化がある。

7 日本を代表する名**ユウ**と共演する。

8 **ユウ**人と花火を見に行く約束をした。

9 階**ダン**から落ちてケガをした。

10 首相が**ダン**話を発表した。

---

10 仕事の合間に**ホネ**休めをする。

11 **ソウギョウ**百年をむかえる酒屋だ。

12 高い所から飛び**オ**りた。

13 **タンニン**の先生は人気がある。

14 駅の近くで部屋を**サガ**している。

15 目標を立てて**イッソウ**努力する。

16 友人が絵の**コテン**を開いた。

17 みんなの願いが天に**トド**いた。

18 山に**セ**を向けて建っている家に住む。

19 日本人の働き方を**カイカク**する。

20 **ク**れぬ先の提灯《ちょうちん》

**実力チェック!!**

# 本試験型テスト 第12回

140点以上で合格！

制限時間 60分

月　日

/200

解答→別冊 P.40

## 一

次の——線の**漢字の読み**を**ひらがな**で書きなさい。

/20 1点×20問

1 旅先で思う**存分**買い物をした。（　　）

2 友人とはとても**価値観**が合う。（　　）

3 **幕末**の歴史について研究する。（　　）

4 お**地蔵**さまに手を合わせる。（　　）

5 兄は銀行に**勤**めている。（　　）

6 すなおに自分の非を**認**める。（　　）

7 同じ**土俵**の上で戦う。（　　）

8 兄は役者の**卵**だ。（　　）

## 二

次の漢字の**部首**と**部首名**を、後の□の中から選び、**記号**で答えなさい。

/10 1点×10問

[例] 休……（あ）（ア）　部首　部首名

| | 部首 | 部首名 |
|---|---|---|
| 至 | 1（　） | 2（　） |
| 操 | 3（　） | 4（　） |
| 肺 | 5（　） | 6（　） |
| 覧 | 7（　） | 8（　） |
| 討 | 9（　） | 10（　） |

あ 亻　い 、　う 扌
え 臣　お 月　か 見
き 至　く 寸　け 口
こ 言

ア にんべん　イ にくづき
ウ ごんべん　エ てん
オ くち　カ みる
キ しん　ク てへん
ケ いたる　コ すん

9 テレビが一時**映**らなくなった。（　　）

10 保険料の**納付書**が届いた。（　　）

11 人手不足をアルバイトで**補**う。（　　）

12 有名な絵画を**模写**する。（　　）

13 この高原は野鳥の**宝庫**だ。（　　）

14 遠くに住む古い友人を**訪**ねた。（　　）

15 気力を**奮**って最後まで走った。（　　）

16 姉は赤ちゃんを**母乳**で育てた。（　　）

17 駅前の**派出所**で道を聞いた。（　　）

18 厚い布で**針**が折れてしまった。（　　）

19 糸を思った通りの色に**染**める。（　　）

20 浅間山けぶりの中の**若葉**かな（　　）

## 三

次の漢字の**太い画**のところは**筆順の何画目**か、また**総画数は何画**か、**算用数字**（1、2、3……）で答えなさい。

［例］ 間……（何画目 9）（総画数 12）

| | 何画目 | 総画数 |
| --- | --- | --- |
| 痛 | 1（　） | 2（　） |
| 届 | 3（　） | 4（　） |
| 潮 | 5（　） | 6（　） |
| 著 | 7（　） | 8（　） |
| 銭 | 9（　） | 10（　） |

／10

1点×10問

## 四

次の——線の**カタカナ**の部分を**漢字一字**と**送りがな（ひらがな）**になおしなさい。

[例] 冬は日がミジカイ ➡ 短い

1 山道を運転するのは**ムズカシイ**。

2 お祝いの品を**イタダク**。

3 犬がエサを見てよだれを**タラス**。

4 作戦が成功を**オサメル**。

5 古い雑誌を**ステル**。

| 1 | 2 | 3 | 4 | 5 |
|---|---|---|---|---|
| | | | | |

/10

2点×5問

## 五

漢字の読みには**音**と**訓**があります。次の**熟語の読み**は□の中のどの組み合わせになっていますか。ア～エの**記号**で答えなさい。

ア 音と音　イ 音と訓　ウ 訓と訓　エ 訓と音

1 胃液（　　）

6 石段（　　）

/20

2点×10問

## 七

後の□の中のひらがなを漢字になおして、**対義語**（意味が反対や対《つい》になることば）と、**類義語**（意味がよくにたことば）を書きなさい。□の中のひらがなは**一度だけ**使い、**漢字一字**を書きなさい。

/20

2点×10問

**対義語**

1 公開－□密

2 正式－□式

3 温和－□暴

4 親近－□遠

5 改悪－改□

**類義語**

6 約束－□約

7 向上－発□

8 支配－君□

9 一新－変□

10 使命－□務

かく・けい・ぜん・てん・にん・ひ
めい・らん・りゃく・りん

2 筋肉（　　）
3 客間（　　）
4 割引（　　）
5 地声（　　）

7 悪党（　　）
8 骨組（　　）
9 紅花（　　）
10 就任（　　）

## 六

次の**カタカナ**を**漢字**になおし、**一字だけ**書きなさい。

/20　2点×10問

1 二律**ハイ**反
2 失業対**サク**
3 公**シ**混同
4 危急存**ボウ**
5 **シュウ**教戦争
6 鉄**コウ**業界
7 **フク**式呼吸
8 雨天順**エン**
9 天変地**イ**
10 **カン**護学校

## 八

後の□の中から漢字を選んで、次の意味にあてはまる**熟語**を作りなさい。答えは**記号**で書きなさい。

/10　2点×5問

[例] ひつじのけのこと。 ⬇ （羊毛） シ サ

1 一定の位置から見通しのきくはんい。
2 不要なものとして始末すること。
3 動物の体の中にあるさまざまな器官。
4 予測される災害などからじぶんたちの身を守ること。
5 休むひまなく一生けん命働くこと。

ア 内　イ 視　ウ 勤　エ 警　オ 勉　カ 分
キ 自　ク 処　ケ 臓　コ 界　サ 毛　シ 羊

## 九

漢字を二字組み合わせた熟語では、二つの漢字の間に意味の上で、次のような関係があります。

**ア** 反対や対《つい》になる意味の字を組み合わせたもの。（例・上下）

**イ** 同じような意味の字を組み合わせたもの。（例・森林）

**ウ** 上の字が下の字の意味を説明（修飾《しょく》）しているもの。（例・進路）

**エ** 下の字から上の字へ返って読むと意味がよくわかるもの。（例・開店）

次の**熟語**は、右の**ア**～**エ**のどれにあたるか、**記号**で答えなさい。

／20

2点×10問

1 直射（　）

2 時刻（　）

3 縦横（　）

4 厳禁（　）

5 祝福（　）

6 除去（　）

7 在宅（　）

8 養蚕（　）

9 温暖（　）

10 拡縮（　）

## 十

次の――線の**カタカナ**を**漢字**になおしなさい。

／40

2点×20問

1 新幹線の**ザセキ**指定券を買う。

2 **キョウチュウ**はおだやかでない。

3 弟は**シタ**を出してごまかした。

4 二人は**イショク**の取り合わせだ。

5 茶**ケイトウ**の色が流行している。

6 大きな切り**カブ**の上に立つ。

7 先生は**コマ**ったような顔をした。

8 **セイジュン**な女性を描《えが》く。

9 **シュクシャク**率を計算する。

| 9 | 8 | 7 | 6 | 5 | 4 | 3 | 2 | 1 |
|---|---|---|---|---|---|---|---|---|
| | | | | | | | | |

## 十

次の――線の**カタカナ**を**漢字**になおしなさい。

/20　2点×10問

1 おたふくかぜは軽く**ス**んだ。

2 祖父は好んで町中に**ス**んだ。

3 おばけの仮**ソウ**をして歩く。

4 高**ソウ**ビルに事務所を構えた。

5 飛行機はゆっくりと**コウ**下した。

6 薬の**コウ**能が現れる。

7 妹の出演作を観**ゲキ**した。

8 友人の過**ゲキ**な言動をとがめる。

9 時**コク**表で電車の時間を確かめる。

10 医者に病名を宣**コク**された。

10 **ワレ**関せずという態度だ。

11 兄は野球部の**シュショウ**だ。

12 上司の出張にお**トモ**した。

13 加熱して水分を**ジョウハツ**させる。

14 祖父は家の格式を**タット**んだ。

15 ジュースを一気に飲み**ホ**した。

16 **イズミ**のようにアイデアがわく。

17 ここは従業員**センヨウ**の入口だ。

18 **マドグチ**でチケットを買う。

19 相手チームが**ユウセイ**だ。

20 弘《こう》法《ぼう》にも筆の**アヤマ**り

**実力チェック!!**

# 本試験型テスト

## 第13回

140点以上で合格!

制限時間 60分

月　日

/200

解答→別冊 P.42

### 一

次の——線の**漢字の読み**を**ひらがな**で書きなさい。

/20

1点×20問

1 武器の**密売**を組織的に行う。

2 新しい政府に**主権**が移行した。

3 外出前に軽く**腹**ごしらえする。

4 ドラマで**三枚目**の役を演じた。

5 駅前の本屋は七時に**閉**まる。

6 海は地球の生命の**源**である。

7 一歩**退**いて考え直す。

8 栄養をサプリメントで**補**う。

### 二

次の漢字の**部首**と**部首名**を後の□の中から選び、**記号**で答えなさい。

/10

1点×10問

［例］ 休……（あ）（ア）　部首　部首名

| 漢字 | 部首 | 部首名 |
| --- | --- | --- |
| 域 | 1 | 2 |
| 灰 | 3 | 4 |
| 拡 | 5 | 6 |
| 劇 | 7 | 8 |
| 穀 | 9 | 10 |

あ 亻　い 刂　う 扌　え 豕　お 火　か 殳　き 禾　く 厂　け 土　こ 戈

ア にんべん　イ ひ　ウ りっとう　エ ほこづくり・ほこがまえ　オ つちへん　カ るまた・ほこづくり　キ ぶた・いのこ　ク てへん　ケ のぎへん　コ がんだれ

9 句を読むときには**俳号**を使う。

10 正月には毎年神社に**参拝**する。

11 道でピアスを**片方**落とした。

12 冷たい物を飲むと虫歯が**痛**む。

13 怒《いか》りが**頂点**に達した。

14 サクラの**樹皮**を使って民芸品を作る。

15 せまい車内で身を**縮**める。

16 夏は**日射病**に気をつけよう。

17 高地は昼夜の気温差が**激**しい。

18 熱が下がらず会社を**欠勤**した。

19 **筋道**を立てて話す。

20 **一銭**を笑う者は一銭に泣く

## 三

次の漢字の**太い画**のところは**筆順の何画目**か、また**総画数は何画**か、**算用数字**（1、2、3……）で答えなさい。

［例］ 間……（9）（12）
何画目 総画数

| 漢字 | 何画目 | 総画数 |
|---|---|---|
| 済 | 1（　） | 2（　） |
| 磁 | 3（　） | 4（　） |
| 創 | 5（　） | 6（　） |
| 段 | 7（　） | 8（　） |
| 難 | 9（　） | 10（　） |

／10
1点×10問

## 四

次の――線の**カタカナ**の部分を**漢字一字**と**送りがな(ひらがな)**になおしなさい。

［例］ 冬は日がミジカイ ➡ 短い

1 ふるさとの旧友を**タズネル**。

2 楽しくて時のたつのを**ワスレル**。

3 店に焼きたてのパンを**ナラベル**。

4 冷えた空気を**アタタメル**。

5 この道を行くと新宿に**イタル**。

| | | | | |
|---|---|---|---|---|
| 1 | 2 | 3 | 4 | 5 |
| | | | | |

/10

2点×5問

## 五

漢字の読みには**音**と**訓**があります。次の**熟語の読み**は□の中のどの組み合わせになっていますか。**ア～エ**の**記号**で答えなさい。

/20

2点×10問

ア 音と音　イ 音と訓　ウ 訓と訓　エ 訓と音

1 背中（　　）

6 潮風（　　）

## 七

後の□の中のひらがなを漢字になおして、**対義語**(意味が反対や対《つい》になることば)と、**類義語**(意味がよくにたことば)を書きなさい。□の中のひらがなは**一度だけ**使い、**漢字一字**を書きなさい。

/20

2点×10問

**対義語**

1 水平―□直

2 未熟―□熟

3 老人―子□

4 子孫―□先

5 建国―□国

**類義語**

6 未来―□来

7 直前―□前

8 指図―指□

9 助言―□言

10 手紙―書□

かん・き・しょう・すい・すん・せい・そ
ちゅう・ども・ぼう

2 幕内（　　　）
3 時刻（　　　）
4 茶柱（　　　）
5 座高（　　　）
7 砂絵（　　　）
8 欲目（　　　）
9 展開（　　　）
10 生卵（　　　）

## 六

次の**カタカナ**を**漢字**になおし、**一字だけ**書きなさい。

／20
2点×10問

1 **チョ**者略歴
2 反対同**メイ**
3 一言**ヘン**句
4 法**リツ**改正
5 一味徒**トウ**
6 雑**シ**広告
7 生**ゾン**競争
8 千**シ**万態
9 胃**チョウ**障害
10 自**コ**負担

## 八

後の□の中から漢字を選んで、次の意味にあてはまる**熟語**を作りなさい。答えは**記号**で書きなさい。

／10
2点×5問

[例] ひつじのけのこと。→（羊毛）シ サ

1 ある計画を進めるうえでの大体の方向づけ。
2 地熱のため熱せられて地中からわき出る湯。
3 物事がはかどるようにすること。
4 社員・店員・工員などとして仕事をしていること。
5 実物をかたどってそっくりに作ったもの。

ア 泉　イ 推　ウ 型　エ 温　オ 従　カ 進
キ 業　ク 模　ケ 針　コ 方　サ 毛　シ 羊

## 九

漢字を二字組み合わせた熟語では、二つの漢字の間に意味の上で、次のような関係があります。

**ア** 反対や対《つい》になる意味の字を組み合わせたもの。（例・上下）

**イ** 同じような意味の字を組み合わせたもの。（例・森林）

**ウ** 上の字が下の字の意味を説明（修飾《しょく》）しているもの。（例・進路）

**エ** 下の字から上の字へ返って読むと意味がよくわかるもの。（例・開店）

次の**熟語**は、右の**ア**〜**エ**のどれにあたるか、**記号**で答えなさい。

／20　2点×10問

1 立憲（　　）
2 若葉（　　）
3 誤字（　　）
4 加除（　　）
5 善良（　　）
6 郷土（　　）
7 延命（　　）
8 宝船（　　）
9 可否（　　）
10 尊敬（　　）

## 十

次の——線の**カタカナ**を**漢字**になおしなさい。

／40　2点×20問

1 今までの親**フコウ**を反省する。
2 タレントが商品名を**レンコ**する。
3 **キビ**しい訓練にたえきった。
4 鉄道が大陸を**ジュウダン**している。
5 こぼれた水を布で**ス**い取る。
6 言葉づかいが**ランボウ**だ。
7 庭の**コウバイ**の花が見事だ。
8 すばやく**キケン**を察知した。
9 友の優しさが**ムネ**にしみた。

## 十

次の——線の**カタカナ**を**漢字**になおしなさい。

/20
2点×10問

1 並み**イ**る敵をなぎたおす。

2 走る馬の上から矢で的を**イ**る。

3 天孫が地上に降**リン**する。

4 車の前**リン**がみぞにはまった。

5 自分の判断で**セン**行しがちだ。

6 クラスでリレーの**セン**手に推せんされた。

7 フランス語の小説を和**ヤク**する。

8 家から駅まで歩いて**ヤク**五分だ。

9 **ハン**ごとに分かれて行動する。

10 **ハン**で押《お》したような毎日を送る。

10 祖母の**イヒン**を整理した。

11 **オンシ**の教えを今も守っている。

12 帰国する日を三日**ノ**ばした。

13 **ワリ**に合わない仕事だった。

14 じゅうたいに**マ**きこまれた。

15 お客様の苦情に**タイショ**する。

16 人権を**ホショウ**する。

17 自分に合うサイズの服を**サガ**す。

18 秋は学校行事が**モ**りだくさんだ。

19 期待を**ウラギ**る結果となった。

20 同じ**アナ**のむじな

# 覚えておきたい 筆順の原則

（文部科学省「筆順指導の手引き」による）

筆順とは、漢字の一点一画を書いていき、ひとつの文字が書き上げられるまでの順番をいいます。正しい筆順で書くと書きやすいだけでなく、字の形も整います。新しい漢字を覚えるときは、正しい筆順で覚えましょう。

## 1 上から下へ書いていく。

査 ↓ 査査査査査査査査査

弁 ↓ 弁弁弁弁弁

◀上の部分から下の部分へ書いていく。

豊 ↓ 豊豊豊豊豊

暴 ↓ 暴暴暴暴

## 2 左から右へ書いていく。

厳 ↓ 厳厳厳厳

災 ↓ 災災災災

◀左の部分から右の部分へ書いていく。

誤 ↓ 誤誤

射 ↓ 射射

◀左・右・中の3つの部分からできている字も、左の部分から書いていく。

樹 ↓ 樹樹樹

激 ↓ 激激激

## 3 横の画とたての画が交差するときは、横の画を先に書く。

在 ↓ 在在在在

捨 ↓ 捨捨捨捨

## 4 横の画とたての画が交差しても、次の場合などは、たての画を先に書く。

演 ↓ 演演演演

責 ↓ 責責責責

## 5 中と左右があって、左右が一、二画のときは、中の画を先に書く。

示 ↓ 示示示示

永 ↓ 永永永永

◀例外

火 ↓ 火火火火

情 ↓ 情情情情

## 6 囲む形のものは、外側の囲みを先に書く。

困 ↓ 困困困困

句 ↓ 句句句

## 7 左はらいと右はらいが交差するときは、左はらいを先に書く。

収 → 収収収

故 → 故故故故

## 8 つらぬくたて画は、最後に書く。

制 → 制制制

◀たて画の上が止まっていても、たて画を最後に書く。

干 → 干干干

## 9 つらぬく横画は、最後に書く。

毎 → 毎毎

妻 → 妻妻

## 10 横画とたて画が交差する場合。

◀横画が長く、左はらいが短い字は、左はらいを先に書く。

布 → 布布布

◀横画が短く、左はらいが長い字は、横画を先に書く。

在 → 在在在

## 11 右かたの「、」は、最後に書く。

補 → 補補補補

◀「博」や「述」は次の順番で書く。

博 → 博博博

述 → 述述述述

## 12 先に書く「にょう」と、後に書く「にょう」。

◀「辶(しんにゅう・しんにょう)」、「廴(えんにょう)」などは、後に書く。

遺 → 遺遺

延 → 延延

◀「走(そうにょう)」は、先に書く。

起 → 起起

## 13 先に書く左はらいと、後に書く左はらい。

◀先に書く左はらい。

九 → 九九

級 → 級級級級

◀後に書く左はらい。

力 → 力力

方 → 方方方

# 覚えておきたい 熟字訓・当て字、特別な音訓

漢字の読み方には、正式な音訓のほかに、広く使われている特別な読み方があります。これらはふだんの生活の中で耳にすることが多い言葉です。表記(書き方)と共に覚えましょう。

## 熟字訓・当て字

よめるかチェック!

| | 読み |
|---|---|
| 明日 | あす |
| 大人 | おとな |
| 母さん | かあさん |
| 河原 | かわら |
| 川原 | |
| 昨日 | きのう |
| 今日 | きょう |
| 果物 | くだもの |
| 今朝 | けさ |
| 景色 | けしき |
| 今年 | ことし |
| 清水 | しみず |
| 上手 | じょうず |
| 七夕 | たなばた |
| 一日 | ついたち |
| 手伝う | てつだう |

| | 読み |
|---|---|
| 父さん | とうさん |
| 時計 | とけい |
| 友達 | ともだち |
| 兄さん | にいさん |
| 姉さん | ねえさん |
| 博士 | はかせ |
| 二十日 | はつか |
| 一人 | ひとり |
| 二人 | ふたり |
| 二日 | ふつか |
| 下手 | へた |
| 部屋 | へや |
| 迷子 | まいご |
| 真面目 | まじめ |
| 真っ赤 | まっか |
| 真っ青 | まっさお |
| 眼鏡 | めがね |
| 八百屋 | やおや |

## 特別な音訓

よめるかチェック!

| | 読み | |
|---|---|---|
| 雨雲 | あまぐも | 雨《あま》 |
| 何本 | なんぼん | 何《なん》 |
| 金具 | かなぐ | 金《かな》 |
| 群がる | むらがる | 群《むら》 |
| 兄弟 | きょうだい | 兄《キョウ》 |
| 合戦 | かっせん | 合《カッ》 |
| 再来年 | さらいねん | 再《サ》 |
| 七日 | なのか | 七《なの》 |
| 留守 | るす | 守《ス》 |
| 酒屋 | さかや | 酒《さか》 |
| 上着 | うわぎ | 上《うわ》 |
| 磁石 | じしゃく | 石《シャク》 |

| | 読み | |
|---|---|---|
| 船旅 | ふなたび | 船《ふな》 |
| ○○中 | ○○じゅう | 中《ジュウ》 |
| 兄弟 | きょうだい | 弟《ダイ》 |
| 天の川 | あまのがわ | 天《あま》 |
| 大豆 | だいず | 豆《ズ》 |
| 読点 | とうてん | 読《トウ》 |
| 白ける | しらける | 白《しら》 |
| 八日 | ようか | 八《よう》 |
| 風車 | かざぐるま | 風《かざ》 |
| 木立 | こだち | 木《こ》 |
| 問屋 | とんや | 問《とん》 |
| 留守 | るす | 留《ル》 |
| 六日 | むいか | 六《むい》 |

読みのひらがなは訓読み、カタカナは音読み

# 覚えておきたい部首

| 皇 | 孝 | 憲 | 穴 | 疑 | 簡 | 灰 | 我 | 漢字 |
|---|---|---|---|---|---|---|---|---|
| 王 | 土 | 宀 | 宀 | 匕 | 門 | 厂 | 扌 | 誤 |
| 白 | 子 | 心 | 穴 | 疋 | ⺮ | 火 | 戈 | 正（部首名） |
| しろ | こ | こころ | あな | ひき | たけかんむり | ひ | ほこづくり<br>ほこがまえ | |

| 射 | 視 | 至 | 蚕 | 裁 | 骨 | 穀 | 紅 | 漢字 |
|---|---|---|---|---|---|---|---|---|
| 身 | ネ | 土 | 大 | 戈 | 月 | 殳 | 工 | 誤 |
| 寸 | 見 | 至 | 虫 | 衣 | 骨 | 禾 | 糸 | 正（部首名） |
| すん | みる | いたる | むし | ころも | ほね | のぎへん | いとへん | |

| 染 | 泉 | 垂 | 蒸 | 障 | 将 | 処 | 捨 | 漢字 |
|---|---|---|---|---|---|---|---|---|
| 氵 | 白 | ノ | 灬 | 立 | ⺤ | 夂 | 人 | 誤 |
| 木 | 水 | 土 | 艹 | 阝 | 寸 | 几 | 扌 | 正（部首名） |
| き | みず | つち | くさかんむり | こざとへん | すん | つくえ | てへん | |

| 亡 | 暮 | 奮 | 乳 | 党 | 臓 | 蔵 | 窓 | 漢字 |
|---|---|---|---|---|---|---|---|---|
| 匚 | 艹 | 隹 | ⺤ | ⺌ | 艹 | 臣 | 心 | 誤 |
| 亠 | 日 | 大 | 乚 | 儿 | 月 | 艹 | 穴 | 正（部首名） |
| なべぶた<br>けいさんかんむり | ひ | だい | おつ | ひとあし<br>にんにょう | にくづき | くさかんむり | あなかんむり | |

| 裏 | 覧 | 乱 | 翌 | 欲 | 幼 | 盟 | 幕 | 枚 |
|---|---|---|---|---|---|---|---|---|
| 亠 | 臣 | 舌 | 立 | 谷 | 力 | 日 | 艹 | 攵 |
| 衣 | 見 | 乚 | 羽 | 欠 | 幺 | 皿 | 巾 | 木 |
| ころも | みる | おつ | はね | あくび<br>かける | よう<br>いとがしら | さら | はば | きへん |

「墓」「悪」のように、形ではなく意味によって部首を決めた漢字や、「支」「舌」のように、字そのものが部首になっている漢字も多くあります。

# 覚えておきたい 同じ音読みの漢字

よく出る同じ音読みの漢字を紹介しています。同じ音読みの漢字は複数あるので、それぞれの漢字の意味をよく理解して使い分けられるようにしましょう。音が同じで字形もよく似た漢字は、まぎらわしいので要注意です。

| 読み | 意味 | 漢字 |
|---|---|---|
| カイダン | 段になった通路 | 階段 |
| | 組織の代表者が公的に会って話し合うこと | 会談 |
| カイソウ | 外観や内装などを改めること | 改装 |
| | 過去の出来事に思いをめぐらすこと | 回想 |
| カコウ | 人手を加えること。細工すること | 加工 |
| | 下がっていくこと | 下降 |
| カンゲキ | 人の行動や物事を見聞きして強く心を動かされること | 感激 |
| | 劇を見ること | 観劇 |
| カンケツ | 手短で要点をとらえていること | 簡潔 |
| | すっかり終わること | 完結 |
| カンシュウ | 大勢の見物人 | 観衆 |
| | 伝統的に決まっている行動の様式 | 慣習 |
| キセイ | ふるさとに帰ること | 帰省 |
| | 一定の規則を作り、制限・統制すること | 規制 |

書けるかチェック！

| 読み | 意味 | 漢字 |
|---|---|---|
| コウソウ | 層がいくつも高く重なっていること | 高層 |
| | これから始めることについて手順などをまとめること | 構想 |
| コウチョウ | 顔に赤みがさすこと | 紅潮 |
| | 物事がうまく運んでいること | 好調 |
| コテン | 古い時代に作られて、現在までその価値が認められている作品 | 古典 |
| | その人の作品だけを出品する展覧会 | 個展 |
| シカク | あることを行うために必要な条件や能力 | 資格 |
| | 目で見たときに起こる感覚 | 視覚 |
| | 4つの角をもつ形 | 四角 |
| シキ | 人々が団結して物事を行うときの意気込《ご》み | 士気 |
| | 春・夏・秋・冬 | 四季 |
| | 多くの人を指図して仕事などをさせること | 指揮 |
| シキュウ | 大急ぎで何かすること | 至急 |
| | 会社などが社員などに給与《よ》などを支払《はら》うこと | 支給 |

| 読み | 漢字 | 意味 |
|---|---|---|
| キチョウ | 貴重 | 非常に大切なこと |
| | 記帳 | 帳面に書き入れること |
| キョウド | 郷土 | 生まれ育った故郷の地 |
| | 強度 | 強さの程度 |
| キンシ | 近視 | 遠くの物がはっきり見えない目の状態 |
| | 禁止 | してはいけないと差し止めること |
| キンゾク | 勤続 | 同じ職場で働き続けること |
| | 金属 | 金・銀などの鉱物 |
| ケイカン | 警官 | 警察官 |
| | 景観 | 見る価値のあるすぐれた風景 |
| ゲンキン | 現金 | 現在手元にあるお金 |
| | 厳禁 | 絶対にしてはならないと禁じること |
| コウカ | 高価 | 値段が高いこと |
| | 降下 | 高いところから降りること |
| | 効果 | 望ましい結果。よい結果。ききめ |
| コウシュウ | 講習 | 集まって学問や技芸などを学習すること |
| | 公衆 | 社会一般《ぱん》の人々のこと |

| 読み | 漢字 | 意味 |
|---|---|---|
| ジコ | 事故 | 不注意などが原因で起こる災難 |
| | 自己 | 自分自身 |
| シボウ | 志望 | 自分が将来そうなりたいと望むこと、その望み |
| | 死亡 | 死ぬこと |
| セイカ | 聖火 | オリンピックなどで大会のシンボルとして燃やす火 |
| | 成果 | 何かをして得られたよい結果 |
| セイトウ | 製糖 | サトウキビなどから砂糖を作ること |
| | 政党 | 共通の政見を実現するために結成された団体 |
| | 正当 | 正しくて道理に合っていること |
| ソウゾウ | 想像 | 実際に見たり聞いたりしていないことに関して頭の中で思い描《えが》くこと |
| | 創造 | 今までにない新しいものを作り出すこと |
| タイサク | 大作 | 規模の大きな作品。すぐれた芸術作品 |
| | 対策 | 相手や事の成りゆきに応じて取る手段 |
| タンシン | 単身 | ただひとり |
| | 短針 | 時計の短い針 |
| ユウリョウ | 有料 | 料金が必要なこと |
| | 優良 | 他にくらべてすぐれていること |

# 覚えておきたい まちがえやすい画数

5級配当漢字の中で画数をよく問われる漢字と、問われる場所を示しました。本冊P138筆順の原則を参考に、正しい画数を覚えましょう。

| 漢字 | Ⓐ | Ⓑ | Ⓒ |
|---|---|---|---|
| 染 | 4画目 | 5画目 | |
| 俳 | 3画目 | 7画目 | |
| 閣 | 1画目 | 2画目 | 6画目 |
| 我 | 3画目 | 4画目 | 6画目 |
| 皇 | 7画目 | 8画目 | |
| 郵 | 5画目 | 6画目 | 7画目 |
| 脳 | 8画目 | 9画目 | 10画目 |
| 陛 | 3画目 | 6画目 | 9画目 |
| 純 | 7画目 | 8画目 | |
| 冊 | 3画目 | 5画目 | |
| 将 | 1画目 | 3画目 | |
| 蒸 | 6画目 | 9画目 | |
| 片 | 1画目 | 2画目 | 3画目 |
| 否 | 2画目 | 3画目 | |
| 党 | 1画目 | 2画目 | |
| 推 | 7画目 | 8画目 | |
| 若 | 4画目 | 5画目 | |
| 骨 | 4画目 | 6画目 | |
| 系 | 3画目 | 5画目 | |
| 郷 | 3画目 | 4画目 | |

# 覚えておきたい 四字の熟語

四字の熟語は二字の熟語を二つ適当に重ねて作られたものがほとんどですが、故事・成語の四字の熟語の場合はとくに注意が必要です。熟語の成り立ちから考えて、深い意味と人生への教訓を味わってほしいものです。

漢字をチェック！

| | 読み | | 意味 |
|---|---|---|---|
| あ | あんぜんせんげん | 安全宣言 | あぶなくないと、世間に発表すること。 |
| | あんぜんそうち | 安全装置 | 危険が生じないように取り付けた装置。 |
| い | いくどうおん | 異口同音 | 多くの人が、口をそろえて同じことを言うこと。 |
| | いちいせんしん | 一意専心 | わき目もふらずに一つのことに熱心になること。 |
| | いちごんへんく | 一言片句 | ほんの少しの言葉。 |
| | いちにちいちぜん | 一日一善 | 一日に一つよい行いをし、それを積み重ねようという呼びかけ。 |
| | いちまいかんばん | 一枚看板 | 大勢のなかの中心人物。一座の中心的な役者。 |
| | いちみとうとう | 一味徒党 | 同じ目的のために結ばれた仲間。悪いたくらみについて言うことが多い。 |
| | いっきょりょうとく | 一挙両得 | 一つのことで同時に二つの利益を得ること。 |
| | いっこくせんきん | 一刻千金 | 時間がたいせつなことのたとえ。 |
| | いっしんいったい | 一進一退 | 進んだりあと戻りしたりすること。 |
| | いっしんふらん | 一心不乱 | わき目もふらず一つのことに集中している様子。 |
| う | うちゅうかいはつ | 宇宙開発 | 宇宙空間を人類のために役立たせようとする活動。 |
| | うちゅうくうかん | 宇宙空間 | 地球大気圏《けん》外のはてしなく広い空間。 |
| | うちゅうゆうえい | 宇宙遊泳 | 宇宙で宇宙飛行士が宇宙船外で行動すること。 |
| | うちゅうりょこう | 宇宙旅行 | 地球大気圏《けん》外のはてしなく広い空間へ旅をすること。 |
| | うてんじゅんえん | 雨天順延 | 雨のために、期日を順に先に延ばすこと。 |
| え | えいきゅうじしゃく | 永久磁石 | 磁力をいつまでも持ち続けている磁石。 |
| | えいきゅうほぞん | 永久保存 | 末永く永遠に保存すること。 |
| | えいようほきゅう | 栄養補給 | 足りない栄養を補うこと。 |
| | えんがんぎょぎょう | 沿岸漁業 | 海岸近くの海で行われる漁業。 |
| お | おうきゅうしょち | 応急処置 | 急病人やけが人に、とりあえずその場でしておく処置。 |
| | おおあめけいほう | 大雨警報 | 大雨による大災害が予想される場合に出される警報のこと。 |
| | おんせんりょこう | 温泉旅行 | 温泉地に旅行すること。 |
| | おんだんぜんせん | 温暖前線 | 暖かい空気が冷たい空気に乗り上げて進むときにできる前線。 |
| か | かいかいせんげん | 開会宣言 | 会を開くということを表明すること。 |

漢字をチェック！

## か

| 読み | 漢字 | 意味 |
| --- | --- | --- |
| かきとめゆうびん | 書留郵便 | 送達過程を記録にとって、まちがいなく届くようにした郵便。 |
| がくしゅういよく | 学習意欲 | 進んで学ぼうとする気持ち。 |
| かくちょうこうじ | 拡張工事 | 広げて大きくする工事。 |
| かげきしそう | 過激思想 | 自らの主義・主張のためなら過激な行動も辞さない主張のこと。 |
| かげんじょうじょ | 加減乗除 | 足し算、引き算、かけ算、わり算のこと。 |
| かそうかいきゅう | 下層階級 | 財産が少なく、社会的地位も生活水準も低い階層。また、その階層に属する人々。 |
| かたがわつうこう | 片側通行 | 道路の右側・左側の一方のみの通行。 |
| かちはんだん | 価値判断 | 物事の値打ちを決めること。 |
| がっきゅうにっし | 学級日誌 | 学級内の出来事や感想を書いておく日々の記録。 |
| かていほうもん | 家庭訪問 | 学校の先生が、生徒の家庭を訪ねること。 |
| かぶしきがいしゃ | 株式会社 | 多くの人が元手のお金を出し合い仕事をする会社。 |
| かぶぬしそうかい | 株主総会 | 株主によって構成される、株式会社の重要事項などを決定する会のこと。 |
| かんいかきとめ | 簡易書留 | 一般《ぱん》の書留郵便よりも料金が安いかわりに損害ばいしょう額が低い郵便のこと。 |
| かんごがっこう | 看護学校 | 看護師になるための養育機関。 |
| かんぜんむけつ | 完全無欠 | 完全でまったく欠点がないこと。 |

## き

| 読み | 漢字 | 意味 |
| --- | --- | --- |
| かんとうきじ | 巻頭記事 | 本や雑誌の一番最初の部分に書かれている事がら。 |
| きかいたいそう | 器械体操 | とび箱、鉄棒などの器械を使って行う体操。 |
| きがくがっそう | 器楽合奏 | 楽器のみを使う音楽を合奏すること。 |
| ききゅうそんぼう | 危急存亡 | 危険がせまり、生きるか死ぬかのせとぎわ。 |
| きけんしんごう | 危険信号 | あぶないことを知らせるための信号。 |
| ぎじゅつかくしん | 技術革新 | 生産技術を大きく改めて新しくすること。 |
| きってしゅうしゅう | 切手収集 | 切手を集めること。 |
| きぼかくだい | 規模拡大 | しくみの大きさなどを大きく広げること。 |
| きほんほうしん | 基本方針 | 大もととなる目当て。 |
| きょういくかいかく | 教育改革 | 教育に関する制度などを大きく変えること。 |
| きょうぞんきょうえい | 共存共栄 | ともに助け合い、ともに栄えること。「共存」は「きょうそん」とも読む。 |
| きょうどげいのう | 郷土芸能 | その地方の感じがよく出ているおどりや音楽など。 |
| ぎょくせきこんこう | 玉石混交 | 優れたものと劣《おと》ったものが入り混じっていること。 |
| ぎろんひゃくしゅつ | 議論百出 | 次々にいろいろな意見が出ること。 |
| きんじょうとうち | 金城湯池 | 容易に破られず、他からせめこまれない城。 |

|  |  |  |
|---|---|---|
| きんむじかん | 勤務時間 | 会社などで働く時間のこと。 |

## く

|  |  |  |
|---|---|---|
| くうぜんぜつご | 空前絶後 | 今までにも今後もないだろうと思われる、めずらしいこと。 |
| くうりくうろん | 空理空論 | 現実とかけはなれた、実際には役に立たない考えや理論。 |

## け

|  |  |  |
|---|---|---|
| けいきたいさく | 景気対策 | 世の中のお金の動きをよくするための対策。 |
| けいせいさいみん | 経世済民 | 世の中をうまく治め、民を救うこと。 |
| けいろうせいしん | 敬老精神 | 老人を敬う気持ちのこと。 |
| げっかんざっし | 月刊雑誌 | 毎月一冊刊行される雑誌のこと。 |
| げんせいちゅうりつ | 厳正中立 | かたよらず中立の立場を守ること。 |
| けんとうかだい | 検討課題 | よく調べ考える問題。 |

## こ

|  |  |  |
|---|---|---|
| こうがいたいさく | 公害対策 | 公害を防止するための対策。 |
| こうしこんどう | 公私混同 | 仕事上のことと、個人的なことのけじめがないこと。 |
| こうしゅうえいせい | 公衆衛生 | 地域、学校、職場などで、人々の健康を守ること。 |
| こうしゅうでんわ | 公衆電話 | 町かどにある、料金をはらえばだれでも使える電話。 |
| こうしゅうどうとく | 公衆道徳 | おたがい迷わくをかけないために、守るべき事がら。 |
| こうそうけんちく | 高層建築 | 階を重ねた高い建物。 |
| こうそうじゅうたく | 高層住宅 | ある一定以上の高さをもった住宅のこと。 |
| こうへいむし | 公平無私 | 公平で、判断に自分の感情などをまじえないこと。 |
| こくさいしんぜん | 国際親善 | 国と国が仲よくすること。 |
| こくさいれんめい | 国際連盟 | 国際平和を保つために設立された国際機関。 |
| こくそうちたい | 穀倉地帯 | 穀物がたくさんとれる地域。 |
| こくみんしゅけん | 国民主権 | 主権が国民にあるということ。 |
| ごんごどうだん | 言語道断 | 言葉も出ないほど、ひどいこと。 |

## さ

|  |  |  |
|---|---|---|
| さいがいたいさく | 災害対策 | 災害予防や災害への対応をするための方法。 |
| ざせきしてい | 座席指定 | 電車などにおいてあらかじめ座る席を決めておくこと。 |
| ざっしこうこく | 雑誌広告 | 雑誌にのせられた広告。 |
| さんけんぶんりつ | 三権分立 | 立法・行政・司法の三つの権利を独立させる政治のしくみ。 |
| さんずんふりつ | 三寸不律 | 三寸の長さの短い筆。「不律」は筆のこと。 |
| さんそきゅうにゅう | 酸素吸入 | 呼吸が苦しいときなどに、酸素を吸わせること。 |
| さんぴりょうろん | 賛否両論 | 賛成と反対の両方の意見があること。 |

## し

|  |  |  |
|---|---|---|
| じがじさん | 自画自賛 | 自分で自分のしたことをほめること。 |

漢字をチェック!

| 読み | 漢字 | 意味 |
|---|---|---|
| じかんげんしゅ | 時間厳守 | 決められた時間を厳しく守ること。 |
| じきゅうじそく | 自給自足 | 必要なものを自分で作り自分で使うこと。 |
| じこあんじ | 自己暗示 | 自分で思い込むことにより、物事があたかも存在しているように認識すること。 |
| じこちゅうしん | 自己中心 | 自分をいちばんに考えること。 |
| じこふたん | 自己負担 | 自分自身で仕事を引き受けたりお金をはらうこと。 |
| じこまんぞく | 自己満足 | 自分の行いなどを、自分ひとりで満足すること。 |
| ししゃごにゅう | 四捨五入 | 切り捨てたり切り上げたりしておよその数にすること。 |
| しつぎおうとう | 質疑応答 | 質問とそれに対する答え。 |
| しつぎょうたいさく | 失業対策 | 仕事を失った人たちを助けるために行われる事業のこと。 |
| じっけんそうち | 実験装置 | 実験するために使う装置。 |
| じつりょくはっき | 実力発揮 | 本当にもっている力を十分に表すこと。 |
| じどうけんしょう | 児童憲章 | すべての児童の幸福を守るためのきまり。 |
| しゃかいほしょう | 社会保障 | 働く人が暮らしに困ったときに、国が世話をすること。 |
| しゅうきょうせんそう | 宗教戦争 | 宗教が原因で起こった争いのこと。 |
| じゆうじざい | 自由自在 | 自分の思いのままにする、思いのままにできるさま。 |

| 読み | 漢字 | 意味 |
|---|---|---|
| しゅうしょくかつどう | 就職活動 | 仕事を求めて活動すること。 |
| しゅけんざいみん | 主権在民 | 国の主権が国民にあるということ。 |
| しゅのうかいぎ | 首脳会議 | 組織などの中心に立つ人たちが参加する会議。 |
| しゅのうかいだん | 首脳会談 | 国の最高責任者が他国の最高責任者と話し合いを行うこと。 |
| じょうききかん | 蒸気機関 | 蒸気の力を利用して機械などを動かすしくみ。 |
| じょうけんはんしゃ | 条件反射 | ある条件を与《あた》えられると起こる反射運動のこと。 |
| じょおうへいか | 女王陛下 | 女性の王様のこと。 |
| じょせつさぎょう | 除雪作業 | 道や線路などに積もった雪を取りのぞくこと。 |
| しょめいうんどう | 署名運動 | 署名を集め、意思決定に影響《えいきょう》を与えようとすること。 |
| じょめいしょぶん | 除名処分 | 組織などから名前が除かれるという罰《ばつ》を加えられること。 |
| しりしよく | 私利私欲 | 自分だけが得をしようと考える欲ばりな気持ち。 |
| じんいんてんこ | 人員点呼 | 人の数がそろっているか名前を呼び調べること。 |
| しんきいってん | 心機一転 | あることをきっかけに気持ちがすっかり変わること。 |
| じんけんそんちょう | 人権尊重 | 人が生まれながらにもっている権利を尊重すること。 |
| じんこうこきゅう | 人工呼吸 | 呼吸ができない者に対して人の手によって肺に空気が入るよう導くこと。 |

| | | |
|---|---|---|
| じんこうみつど | 人口密度 | 面積一平方キロメートルあたりの人の数。 |
| しんごうむし | 信号無視 | 信号機の信号どおりに通行しないこと。 |
| しんしょうぼうだい | 針小棒大 | 針くらい小さいことを棒のように大きいことのように言うこと。 |

## す

| | | |
|---|---|---|
| すいちゅうたんさ | 水中探査 | 水中の物事について、探り調べること。 |
| すいぶんほきゅう | 水分補給 | 足りない水分を補うこと。 |
| すいりしょうせつ | 推理小説 | 事件のなぞを推理する内容の小説。 |
| すんしんしゃくたい | 寸進尺退 | 一寸(少し)進んで一尺(多く)退くこと。得るものが少なく失うものが多いこと。 |

## せ

| | | |
|---|---|---|
| せいじかいかく | 政治改革 | 政治のしくみを新しく変えること。 |
| せいじんくんし | 聖人君子 | 知識・人格ともすぐれたりっぱな人物。 |
| せいぞんきょうそう | 生存競争 | 生物が生きていくための争い。 |
| せいとうせいじ | 政党政治 | 議席を多くとった政党が政権をとり運営する政治。 |
| せいみつきかい | 精密機械 | 時計などの、くるいが少なく高級な機械。 |
| せいりょくかくだい | 勢力拡大 | 他をおさえつける力が広がり大きくなること。 |
| せかいいさん | 世界遺産 | 昔の人がのこした価値のある遺せき・景観・自然など。 |
| ぜったいぜつめい | 絶体絶命 | 追いつめられて、とてものがれられないこと。 |
| せんぎょうしゅふ | 専業主婦 | 職業につかず、家事に専念する女性。 |
| せんぎょうのうか | 専業農家 | 農業だけで生計を立てている農家。 |
| せんしばんたい | 千姿万態 | さまざまに異なった姿や形。 |
| せんせんふこく | 宣戦布告 | ある国が別の国に対して戦争を行うことを宣言すること。 |
| せんばいとっきょ | 専売特許 | その人だけがとくに得意としているやり方や技術。 |
| せんもんがっこう | 専門学校 | 専門的な技術などを教える学校。 |
| せんもんようご | 専門用語 | 限られた分野で使われる語句のこと。 |

## そ

| | | |
|---|---|---|
| そういくふう | 創意工夫 | 今までになかったような新しいことを考え出し、さまざまな手段をためすこと。 |
| ぞうきいしょく | 臓器移植 | 働きを失った臓器のかわりに、ほかの人から臓器を移植すること。 |
| そうりつきねん | 創立記念 | 学校などが初めて設立されたことを思い出すための日時や行事。 |
| そくたつゆうびん | 速達郵便 | 特別に速く届ける郵便。 |

## た

| | | |
|---|---|---|
| たいきばんせい | 大器晩成 | すぐれた才能のある人は、年をとってからりっぱになるということ。 |
| たいそうきょうぎ | 体操競技 | 体を合理的に動かすこと。運動において競いあうこと。 |
| だいどうしょうい | 大同小異 | 少しはちがっていても、だいたいは同じであること。 |
| たくちぞうせい | 宅地造成 | 農地や山林を、住宅用に平らな土地にすること。 |

| | 読み | 漢字 | 意味 |
|---|---|---|---|
| た | たんじゅんめいかい | 単純明快 | わかりやすくはっきりしていること。 |
| | たんとうちょくにゅう | 単刀直入 | 前置きなく、いきなり大切な中心の話に入ること。 |
| ち | ちいきしゃかい | 地域社会 | 一定の地域に成立している人々の集まり。 |
| | ちかしげん | 地下資源 | 地下にある天然資源。 |
| | ちほうぶんけん | 地方分権 | 政治を行うための権力を地方に分散させること。 |
| | ちょくしゃにっこう | 直射日光 | じかに照らす太陽の光。 |
| | ちょしゃりゃくれき | 著者略歴 | 本を書きあらわした人のおおまかな経歴。 |
| つ | つうがくくいき | 通学区域 | その学校に通う生徒の住む区域。 |
| て | てきしゃせいぞん | 適者生存 | ある環境に最も適した生物が生き残るという意味。 |
| | てっこうぎょうかい | 鉄鋼業界 | 鉄鋼(鉄を主成分とする金属)をあつかう産業に属する人々の社会。 |
| | てつどうもけい | 鉄道模型 | 一定の縮尺による鉄道車両や線路の模型のこと。 |
| | てんちそうぞう | 天地創造 | 神がいかに宇宙・万物をつくったかをものがたる神話。 |
| | てんねんしげん | 天然資源 | しぜんにできるもので、人間生活に役立つもの。 |
| | てんぺんちい | 天変地異 | 地しん、つなみ、こうずいなど、自然界の大きな異変。 |
| と | どうこういきょく | 同工異曲 | 見かけは違《ちが》っているようだが、内容はほとんど同じであること。 |

漢字をチェック!

| | 読み | 漢字 | 意味 |
|---|---|---|---|
| | どうじつうやく | 同時通訳 | 他者が話す言葉をその場で通訳すること。 |
| | どくだんせんこう | 独断専行 | 物事を自分一人の判断で勝手に進めること。 |
| | どくりつせんげん | 独立宣言 | 他者による支配から脱《だつ》したことを広く表明すること。 |
| な | なんぎょうくぎょう | 難行苦行 | 大変な苦労をすること。 |
| | なんきょくたんけん | 南極探検 | 南極へ行っていろいろと調べること。 |
| | なんみんきゅうさい | 難民救済 | 戦争などのために国から離《はな》れざるをえなかった人を助けること。 |
| に | にりつはいはん | 二律背反 | たがいに対立しつじつまの合わない二つの判断が同等の権利で主張されること。 |
| | にんきぜっちょう | 人気絶頂 | 人気がもっともある状態。 |
| | にんげんこくほう | 人間国宝 | 重要無形文化財の保持者として認定された人。 |
| は | はくらんきょうき | 博覧強記 | 広く書物を読み、多くのことをよく覚えていること。 |
| | はんしゃしんけい | 反射神経 | なんらかの刺《し》激に対して瞬《しゅん》間的に反応する能力。 |
| | はんしんはんぎ | 半信半疑 | 半分は信じ、半分は疑っていること。 |
| | はんたいどうめい | 反対同盟 | ある物事に反対するもの同士で同じ行動をとるよう約束すること。 |
| ひ | ひじょうかいだん | 非常階段 | 火事や地しんなどの非常時のひなんに使う階段。 |
| | ひみつぶんしょ | 秘密文書 | 公表しないで内密にしておく文書のこと。 |

| | | | |
|---|---|---|---|
| ふ | ふくざつこっせつ | 複雑骨折 | 体外に骨が出ている骨折。 |
| | ふくしきこきゅう | 腹式呼吸 | 腹筋を使って行う呼吸のこと。 |
| | ふたんけいげん | 負担軽減 | 責任や仕事を減らすこと。 |
| | ぶんかいさん | 文化遺産 | 昔の人がのこしたすぐれた文化。 |
| へ | へいかんじかん | 閉館時間 | 図書館など、館のつく施《し》設がその日の業務を停止する時間。 |
| | へいわせんげん | 平和宣言 | 平和のちかいを外部に表明すること。 |
| ほ | ぼうさいたいさく | 防災対策 | 災害を防止するための対策。 |
| | ぼうふうけいほう | 暴風警報 | 激しい雨風がやってくるという知らせ。 |
| | ほうりつかいせい | 法律改正 | 法律の不適切な部分などを改めること。 |
| | ほけつせんきょ | 補欠選挙 | 議員に欠員が出た際に、それを補うために行われる選挙のこと。 |
| | ほそくせつめい | 補足説明 | 足りないところをつけ加えて説明すること。 |
| む | むりなんだい | 無理難題 | 実現できないような無理な要求。 |
| め | めいろうかいかつ | 明朗快活 | 明るく元気でほがらかな様子。 |
| | めんじゅうふくはい | 面従腹背 | うわべでは従順なように見せかけて、内心では従わないこと。 |
| も | もんだいしょり | 問題処理 | 問題を片付けること。 |

| | | | |
|---|---|---|---|
| や | やくわりぶんたん | 役割分担 | 役目や仕事を分けて受け持つこと。 |
| ゆ | ゆうせんじゅんい | 優先順位 | いくつかの事がらのうち、どれを先にすべきかの順位。 |
| | ゆうびんはいたつ | 郵便配達 | 手紙や小づつみなどを配り届けること。 |
| | ゆうびんばんごう | 郵便番号 | 郵便局で行われる手紙などの仕分けを効率的に行うための番号。 |
| | ゆうめいむじつ | 有名無実 | 評判ばかりで、中身がともなわないこと。 |
| | ゆだんたいてき | 油断大敵 | 気をゆるめると思いがけない失敗をするということ。 |
| よ | よっきゅうふまん | 欲求不満 | 欲求が満たされず、心が不安定な様子。 |
| | よぼうちゅうしゃ | 予防注射 | 伝染病にかからないように、予防液を注射すること。 |
| | よろんちょうさ | 世論調査 | 世間一般の人々の意見を調べること。「世論」は「せろん」とも読む。 |
| り | りんかいがっこう | 臨海学校 | 夏休みなどに、海辺での集団生活をとおして心身をはぐくむ教育活動。 |
| | りんきおうへん | 臨機応変 | 時と場合によって、いちばん合ったやり方をすること。 |
| | りんじきゅうぎょう | 臨時休業 | 定休日以外で、必要に応じて商売・仕事を休むこと。 |
| | りんじこっかい | 臨時国会 | 必要に応じて臨時に開かれる国会。 |
| | りんじしゅうにゅう | 臨時収入 | 決まったときではなくお金が入ること。 |
| | りんじれっしゃ | 臨時列車 | 必要に応じて通常の列車に加え臨時に運行する列車。 |

本書記載の情報は制作時点のものです。受検をお考えの方は、必ずご自身で下記の公益財団法人 日本漢字能力検定協会の発表する最新情報をご確認ください。


公益財団法人 日本漢字能力検定協会

【ホームページ】 https://www.kanken.or.jp/

＜本部＞ 京都市東山区祇園町南側 551 番地

TEL：(075)757－8600　FAX：(075)532－1110


ホームページにある「よくある質問」を読んで該当する質問がみつからなければメールフォームでお問合せください。電話でのお問合せ窓口は0120－509－315（無料）です。

**◆「漢検」「漢字検定」は公益財団法人 日本漢字能力検定協会の登録商標です。**

**本書に関する正誤等の最新情報は、下記のアドレスでご確認ください。**
**https://www.seibidoshuppan.co.jp/info/kakikomi-kanken5-2401**

- ◉ 上記アドレスに掲載されていない箇所で、正誤についてお気づきの場合は、書名・質問事項・氏名・住所（または FAX 番号）を明記の上、**成美堂出版**まで**郵送**または **FAX** でお問い合わせください。**お電話でのお問い合わせはお受けできません。**
- ◉ 内容によってはご質問をいただいてから回答を発送するまでお時間をいただくこともございます。
- ◉ 本書の内容を超える質問等にはお答えできませんので、あらかじめご了承ください。

よくあるお問い合わせ

**Q** **持っている辞書に掲載されている部首と、本書に掲載されている部首が違いますが、どちらが正解でしょうか？**

**A** 辞書によっては、部首としているものが異なることがあります。**漢検の採点基準では、「漢検要覧2～10級対応 改訂版」（日本漢字能力検定協会発行）で示しているものを正解としています**ので、本書もこの基準に従っています。そのためお持ちの辞書と部首が異なることがあります。

## 書き込み式 漢字検定５級問題集


編　著　成美堂出版編集部

発行者　深見公子

発行所　成美堂出版

〒162-8445　東京都新宿区新小川町1-7

電話(03)5206-8151 FAX(03)5206-8159

印　刷　大盛印刷株式会社





ISBN978-4-415-23273-7

落丁·乱丁などの不良本はお取り替えします

定価はカバーに表示してあります

# 別冊

# 解答・解説



本冊P.10からはじまる練習問題の解答・解説



本冊P.60からの本試験型テストの解答・解説

- 解答は、常用漢字および常用漢字音訓表の読みで答えてください。それ以外の漢字・読みで答えると、正答とは認められません。
- 部首は、辞書や参考書によって多少違いがあります。本書では『漢検要覧２～10級対応 改訂版』(日本漢字能力検定協会発行)によります。
- 解答が複数ある場合は、どれか1つを書けば正解になります。

矢印の方向に引くと別冊が外れます

書き込み式 漢字検定5級問題集

成美堂出版

コピーして使える答案用紙

一 読み (20)

| 1 | 2 | 3 | 4 | 5 | 6 | 7 | 8 | 9 | 10 |
|---|---|---|---|---|---|---|---|---|---|
| | | | | | | | | | |

二 部首と部首名 (10)

| 1 | 2 | 3 | 4 | 5 | 6 |
|---|---|---|---|---|---|
| | | | | | |

| 7 | 8 | 9 | 10 |
|---|---|---|---|
| | | | |

三 画数 (10)

| 1 | 2 |
|---|---|
| | |

| 7 | 8 |
|---|---|
| | |

五 音と訓 (20)

| 1 | 2 | 3 |
|---|---|---|
| | | |

| 4 | 5 | 6 |
|---|---|---|
| | | |

| 7 | 8 | 9 | 10 |
|---|---|---|---|
| | | | |

六 四字の熟語 (20)

| 1 | 2 | 3 | 4 | 5 |
|---|---|---|---|---|
| | | | | |

| 6 | 7 | 8 | 9 | 10 |
|---|---|---|---|---|
| | | | | |

九 熟語の構成 (20)

| 1 | 2 | 3 | 4 | 5 |
|---|---|---|---|---|
| | | | | |

| 6 | 7 | 8 | 9 | 10 |
|---|---|---|---|---|
| | | | | |

十 同じ読みの漢字 (20)

| 1 | 2 | 3 | 4 |
|---|---|---|---|
| | | | |

十一 漢字 (40)

| 1 | 2 | 3 | 4 | 5 | 6 | 7 | 8 | 9 |
|---|---|---|---|---|---|---|---|---|
| | | | | | | | | |

学習日　月　日

/200

| 20 | 19 | 18 | 17 | 16 | 15 | 14 | 13 | 12 | 11 |
|---|---|---|---|---|---|---|---|---|---|
| | | | | | | | | | |

| 4 | 3 |
|---|---|
| | |

| 10 | 9 |
|---|---|
| | |

| 6 | 5 |
|---|---|
| | |

## 四 漢字と送りがな

(10)

| 5 | 4 | 3 | 2 | 1 |
|---|---|---|---|---|
| | | | | |

## 七 対義語・類義語

(20)

| 5 | 4 | 3 | 2 | 1 |
|---|---|---|---|---|
| | | | | |

| 10 | 9 | 8 | 7 | 6 |
|---|---|---|---|---|
| | | | | |

## 八 熟語作り

(10)

| 3 | 2 | 1 |
|---|---|---|
| | | |

| 5 | 4 |
|---|---|
| | |

| 10 | 9 | 8 | 7 | 6 | 5 |
|---|---|---|---|---|---|
| | | | | | |

| 20 | 19 | 18 | 17 | 16 | 15 | 14 | 13 | 12 | 11 | 10 |
|---|---|---|---|---|---|---|---|---|---|---|
| | | | | | | | | | | |

# 学習ドリル 1

# すぐにチェック!! 練習問題【解答・解説】

問題は本冊P10〜12

## 練習問題 ① 読み

グレーの部分は解答の補足です。

1 い
2 いこく
3 いでん
4 くいき
5 う宙《ちゅう》
6 えいが
7 えんちょう
8 えんどう
9 おんじん
10 われ
11 はい
12 かくさん
13 へんかく
14 ないかく
15 やくわり
16 かぶわけ
17 かざんばい
18 ちいき
19 はんえい
20 のびる
21 わりあい
22 おんし

3「遺伝《いでん》」は、親から子孫に親のもつ性質が伝わること。
8「沿道《えんどう》」は、道ばたのこと。道路のわきのこと。
13「変革《へんかく》」は、社会や制度が変わり改まること。
14「内閣《ないかく》」は、国の政治を行う大臣たちの集まり。

## 練習問題 ② 書き取り

グレーの部分は解答の補足です。

1 胃腸《いちょう》
2 異色《いしょく》
3 遺品《いひん》
4 海域《かいいき》
5 気宇《きう》
6 上映《じょうえい》
7 延期《えんき》
8 沿線《えんせん》
9 恩返《おんがえ》し
10 我《われ》
11 灰色《はいいろ》
12 拡大《かくだい》
13 革命《かくめい》
14 閣議《かくぎ》
15 割《わ》れて
16 株式《かぶしき》
17 遺族《いぞく》
18 間延《まの》び
19 沿《そ》って
20 灰皿《はいざら》
21 割高《わりだか》
22 天守閣《てんしゅかく》

13「革命《かくめい》」は、支配される側の人々が支配者を倒《たお》し、国家や社会の体制を根本から変えること。また、物事が急激に変化・発展すること。

14「閣議《かくぎ》」は、内閣総理大臣および、その他の大臣などによって行われる会議のこと。

## 練習問題 ③ 同じ読みの漢字

グレーの部分は解答の補足です。

1 異質《いしつ》
2 遺産《いさん》
3 映《うつ》る
4 移《うつ》る
5 拡張《かくちょう》
6 失格《しっかく》
7 革新《かくしん》
8 確実《かくじつ》

## 練習問題 ④ 部首と部首名

グレーの部分は解答の補足です。

1 え 田
2 エ た
3 き 辶
4 イ しんにょう しんにゅう
5 く 宀
6 キ うかんむり
7 か 戈
8 ク ほこづくり ほこがまえ
9 あ 火
10 オ ひ
11 お 革
12 カ かくのかわ つくりがわ
13 う 刂
14 ウ りっとう
15 い 日
16 ア ひへん

# 学習ドリル 2 すぐにチェック!! 練習問題【解答・解説】

問題は本冊P14〜16

## 練習問題 1 読み

グレーの部分は解答の補足です。

1 ほす
2 ぜんかん
3 かんびょう
4 かんりゃく
5 きけん
6 つくえ
7 はっき
8 きちょう
9 ぎもん
10 きゅう収《しゅう》
11 きょうきゅう
12 きょうぶ
13 きょうど
14 しゅっきん
15 きんにく
16 けいとう
17 けいご
18 けいほう
19 げきじょう
20 まきつける
21 とも
22 すじみち

7「発揮《はっき》」は、あらわし出すこと。

11「供給《きょうきゅう》」は、必要に応じて物を与《あた》えること。物を売るために商品を市場に出すこと。

13「郷土《きょうど》」は、その地方。土地。またはふるさと。

16「系統《けいとう》」は、同じ種類や流れに属するもの。

18「警報《けいほう》」は、危険がせまっていると知らせること。

## 練習問題 2 書き取り

グレーの部分は解答の補足です。

1 物干《ものほ》し
2 看護《かんご》
3 簡単《かんたん》
4 危害《きがい》
5 勉強机《べんきょうづくえ》
6 指揮《しき》
7 貴金属《ききんぞく》
8 容疑《ようぎ》
9 吸引《きゅういん》
10 試供《しきょう》
11 胸囲《きょうい》
12 故郷《こきょう》
13 勤務《きんむ》
14 鉄筋《てっきん》
15 系列《けいれつ》
16 敬語《けいご》
17 警告《けいこく》
18 劇作家《げきさっか》
19 危《あぶ》ない
20 お吸《す》い物
21 勤《つと》め
22 鼻筋《はなすじ》

4「危害《きがい》」は、身体や生命を傷つけられるような危険なこと。

7「貴金属《ききんぞく》」は、産出量が少なく貴重な金属。

15「系列《けいれつ》」は、あるつながりを持っているもののまとまり。

## 練習問題 3 同じ読みの漢字

グレーの部分は解答の補足です。

1 簡潔《かんけつ》
2 完治《かんち》
3 備《そな》えて
4 供《そな》える
5 勤続《きんぞく》
6 金貨《きんか》
7 景品《けいひん》
8 警察官《けいさつかん》

## 練習問題 4 部首と部首名

グレーの部分は解答の補足です。

1 う 目
2 ア め
3 か 㔾
4 エ わりふ ふしづくり
5 い 貝
6 ク かい こがい
7 く 𧾷
8 キ ひき
9 お 月
10 ウ にくづき
11 き ⺮
12 イ たけかんむり
13 あ 攵
14 カ のぶん ぼくづくり
15 え 言
16 オ げん

学習ドリル 3

# すぐにチェック!! 練習問題【解答・解説】

問題は本冊P18〜20

## 練習問題① 読み

グレーの部分は解答の補足です。

1 かげき
2 あなば
3 しょっけん
4 きぬおりもの
5 けんり
6 けんぽう
7 きげん
8 げんかく
9 りこてき
10 こ吸《きゅう》
11 ごかい

12 こうごう
13 おやふこう
14 ほうおう
15 こうはく
16 こうか
17 てっこう
18 はげしい
19 きびしい
20 よび
21 くちべに
22 おり

2「穴場《あなば》」は、まだ人にあまり知られていないながらも、よい場所のこと。

7「起源《きげん》」は、物事の起こり。始まり。

11「誤解《ごかい》」は、ある事実や発言内容について、まちがった理解をすること。思い違い。

14「上皇《じょうこう》」は、天皇が位を退いた後の尊敬を込《こ》めた呼び方。「法皇《ほうおう》」は出家した上皇の呼び方。

## 練習問題② 書き取り

グレーの部分は解答の補足です。

1 感激《かんげき》
2 巣穴《すあな》
3 定期券《ていきけん》
4 絹《きぬ》
5 実権《じっけん》
6 立憲《りっけん》
7 資源《しげん》
8 厳重《げんじゅう》
9 自己《じこ》
10 点呼《てんこ》
11 誤字《ごじ》

12 皇太后《こうたいごう》
13 孝養《こうよう》
14 皇居《こうきょ》
15 紅茶《こうちゃ》
16 降雪《こうせつ》
17 鋼鉄《こうてつ》
18 激動《げきどう》
19 源《みなもと》
20 呼《よ》び
21 紅色《べにいろ》
22 降《ふ》り

5「実権《じっけん》」は、真の権力。

8「厳重《げんじゅう》」は、非常にきびしいようす。

9「自己《じこ》」は、自分自身のこと。

12「皇太后《こうたいごう》」は、先代の天皇のきさき(皇后)で、今の天皇の母である人。

## 練習問題③ 同じ読みの漢字

グレーの部分は解答の補足です。

1 厳禁《げんきん》
2 現在地《げんざいち》
3 自己《じこ》
4 故障《こしょう》

5 誤《あやま》り
6 謝《あやま》り
7 孝行《こうこう》
8 航海《こうかい》

## 練習問題④ 部首と部首名

グレーの部分は解答の補足です。

1 え 刀
3 あ 穴
5 い 心
7 か 己
9 き 言
11 お 子
13 う 白
15 く 卩

2 イ かたな
4 オ あな
6 ウ こころ
8 ア おのれ
10 カ ごんべん
12 ク こ
14 エ しろ
16 キ こざとへん

# 学習ドリル 4 すぐにチェック!! 練習問題【解答・解説】

問題は本冊P22～24

## 練習問題 ① 読み

グレーの部分は解答の補足です。

1 じこく
2 こくるい
3 こっせつ
4 こんく
5 さ糖《とう》
6 せいざ
7 へんさい
8 さいだん
9 せいさく
10 さっし
11 ようさん
12 とうじ
13 しりつ
14 しせい
15 きんし
16 さくし
17 ざっし
18 こまった
19 すなば
20 すませる
21 さばかれる
22 いたる

2「穀類《こくるい》」は、米・麦・豆など。

7「返済《へんさい》」は、お金や物を借りた相手に返すこと。

8「裁断《さいだん》」は、物をたち切ること。物事の是《ぜ》非を判断し、決めることにも用いる。

9「政策《せいさく》」は、政治を行うときの考え方や目標。

12「冬至《とうじ》」は、北半球において一年のうちで最も太陽が出ている時間が短い日のこと。

## 練習問題 ② 書き取り

グレーの部分は解答の補足です。

1 定《てい》刻《こく》
2 穀《こく》物《もつ》
3 鉄《てっ》骨《こつ》
4 貧《ひん》困《こん》
5 砂《さ》鉄《てつ》
6 座《ざ》席《せき》
7 経《けい》済《ざい》
8 裁《さい》判《ばん》
9 散《さん》策《さく》
10 別《べっ》冊《さつ》
11 蚕《かいこ》
12 至《し》急《きゅう》
13 私《し》用《よう》
14 容《よう》姿《し》
15 視《し》線《せん》
16 歌《か》詞《し》
17 日《にっ》誌《し》
18 刻《きざ》む
19 骨《ほね》折《お》り
20 砂《すな》地《ち》
21 私《わたし》
22 姿《すがた》見《み》

1「定刻《ていこく》」は、決められた時刻。

14「容姿《ようし》」は、顔だちと体つき。すがたかたち。

19「骨折《ほねお》り損《ぞん》のくたびれもうけ」は、苦労してもつかれるばかりで、少しもよいことがないこと。

22「姿見《すがたみ》」は、全身が映る大きな鏡。

## 練習問題 ③ 同じ読みの漢字

グレーの部分は解答の補足です。

1 広《こう》告《こく》
2 先《せん》刻《こく》
3 対《たい》策《さく》
4 作《さく》品《ひん》
5 公《こう》私《し》
6 恩《おん》師《し》
7 視《し》点《てん》
8 支《し》社《しゃ》

## 練習問題 ④ 部首と部首名

グレーの部分は解答の補足です。

1 く 禾
2 エ のぎへん
3 か 氵
4 オ さんずい
5 い 衣
6 ウ ころも
7 き 冂
8 イ どうがまえ けいがまえ まきがまえ
9 お 虫
10 ク むし
11 あ 至
12 キ いたる
13 え 女
14 カ おんな
15 う 言
16 ア ごんべん

# すぐにチェック!! 練習問題【解答・解説】

問題は本冊P25〜26

グレーの部分は解答の補足です。

## 練習問題1 漢字と送りがな

1 延《の》ばす
2 割《わ》れる
3 危《あぶ》ない
4 勤《つと》める
5 厳《きび》しい
6 誤《あやま》る
7 刻《きざ》む
8 済《す》ませる

## 練習問題2 対義語・類義語

グレーの部分は問題の熟語・解答の補足です。

1 正常《せいじょう》↕異常《いじょう》
2 地区《ちく》＝地域《ちいき》
3 改新《かいしん》＝改革《かいかく》
4 複雑《ふくざつ》↕簡単《かんたん》
5 安全《あんぜん》↕危険《きけん》
6 応答《おうとう》＝質疑《しつぎ》
7 大人《おとな》↕子供《こども》
8 注意《ちゅうい》＝警告《けいこく》
9 感動《かんどう》＝感激《かんげき》
10 河口《かこう》↕水源《すいげん》
11 公用《こうよう》↕私用《しよう》
12 目線《めせん》＝視線《しせん》

## 練習問題3 画数

| 何画目 | | 総画数 | |
|---|---|---|---|
| 1 | 13 | 2 | 15 |
| 3 | 8 | 4 | 11 |
| 5 | 6 | 6 | 8 |
| 7 | 4 | 8 | 7 |
| 9 | 4 | 10 | 9 |
| 11 | 5 | 12 | 6 |
| 13 | 5 | 14 | 6 |
| 15 | 7 | 16 | 10 |
| 17 | 9 | 18 | 11 |
| 19 | 9 | 20 | 19 |
| 21 | 4 | 22 | 12 |
| 23 | 3 | 24 | 5 |

## 練習問題4 四字の熟語

グレーの部分は解答の補足です。

1 大同小異《だいどうしょうい》
2 文化遺産《ぶんかいさん》
3 宇宙遊泳《うちゅうゆうえい》
4 株式会社《かぶしきがいしゃ》
5 危急存亡《ききゅうそんぼう》
6 質疑応答《しつぎおうとう》
7 酸素吸入《さんそきゅうにゅう》
8 敬老精神《けいろうせいしん》
9 時間厳守《じかんげんしゅ》
10 自己暗示《じこあんじ》
11 一刻千金《いっこくせんきん》
12 難民救済《なんみんきゅうさい》
13 公害対策《こうがいたいさく》
14 公私混同《こうしこんどう》

1 少しはちがっていても、だいたいは同じであること。
2 その地方の感じがよく出ているおどりや音楽など。
3 宇宙で宇宙飛行士が宇宙船外で行動すること。
4 多くの人が元手のお金を出し合い、仕事をする会社。
5 危険がせまり、生きるか死ぬかのせとぎわ。
6 質問とそれに対する答え。
7 呼吸が苦しいときなどに、酸素を吸わせること。
8 老人を敬う気持ちのこと。
9 決められた時間をきびしく守ること。
10 自分で思い込《こ》むことにより、物事があたかも存在しているように認識すること。
11 時間が大切なことのたとえ。
12 戦争などのために国から離《はな》れざるをえなかった人を助けること。
13 公害を防止するための対策。
14 仕事上のことと、個人的なことのけじめがないこと。

# 学習ドリル 5 すぐにチェック!! 練習問題【解答・解説】

問題は本冊P28~30

## 練習問題 1 読み

グレーの部分は解答の補足です。

1 じしゃく
2 ちゅうしゃ
3 しゅしゃ
4 しゃくど
5 わかもの
6 がいろじゅ
7 しゅうろく
8 しゅうきょう
9 しゅうにん
10 しゅうぎいん
11 じゅうらい
12 じゅうだん
13 たんしゅく
14 じゅくご
15 じゅんしん
16 しょり
17 しょめい
18 しょくん
19 いる
20 すて
21 たてぶえ
22 ちぢれ

4「尺度《しゃくど》」は、物の長さをはかる道具。寸法。また、判断を下す基準。

9「就任《しゅうにん》」は、ある役目や地位につくこと。

12「縦断《じゅうだん》」は、縦または南北の方向に通りぬけること。

15「純真《じゅんしん》」は、清らかでけがれのないこと。

16「処理《しょり》」は、物事をさばいて始末すること。

## 練習問題 2 書き取り

グレーの部分は解答の補足です。

1 磁気《じき》
2 反射《はんしゃ》
3 四捨《ししゃ》
4 尺八《しゃくはち》
5 若《わか》い
6 植樹《しょくじゅ》
7 収入《しゅうにゅう》
8 改宗《かいしゅう》
9 就職《しゅうしょく》
10 観衆《かんしゅう》
11 従順《じゅうじゅん》
12 縦走《じゅうそう》
13 縮小《しゅくしょう》
14 熟《じゅく》して
15 単純《たんじゅん》
16 処分《しょぶん》
17 署長《しょちょう》
18 諸国《しょこく》
19 収《おさ》まって
20 従《したが》え
21 縦横《たてよこ》
22 縮《ちぢ》める

1「磁気《じき》」は、鉄を引きつけるなど、磁石特有の性質。

4「尺八《しゃくはち》」は、竹で作った縦笛。

10「観衆《かんしゅう》」は、大勢の見物人。

20「老《お》いては子《こ》に従《したが》え」は、年をとったならば、意地を張らずに子に従うほうがよいということ。

## 練習問題 3 同じ読みの漢字

グレーの部分は解答の補足です。

1 収《おさ》めた
2 治《おさ》める
3 就業《しゅうぎょう》
4 終点《しゅうてん》
5 従事《じゅうじ》
6 十人《じゅうにん》
7 諸島《しょとう》
8 最初《さいしょ》

## 練習問題 4 部首と部首名

グレーの部分は解答の補足です。

1 か 寸
2 オ すん
3 い 尸
4 ク かばね しかばね
5 う 宀
6 キ うかんむり
7 き 血
8 ア ち
9 え 又
10 ウ また
11 く 灬
12 エ れんが れっか
13 あ 糸
14 カ いとへん
15 お 罒
16 イ あみがしら あみめ よこめ

# 学習ドリル 6 すぐにチェック!! 練習問題【解答・解説】

問題は本冊P32～34

## 練習問題① 読み

グレーの部分は解答の補足です。

1 じょきょ
2 でんしょう
3 しゅしょう
4 ふしょう
5 ほしょう
6 じょうき
7 しんろ
8 じんぎ
9 すいちょく
10 すいしん
11 すんだん
12 もる
13 せいしょ
14 せいい
15 したつづみ
16 せんげん
17 しょうふく
18 のぞく
19 ふるきず
20 はりしごと
21 たれ
22 やまもり

5「保障《ほしょう》」は、一定の地位や状態を保護し守ること。

7「針路《しんろ》」は、船や航空機などの進む方向。コース。また、目指し進む方向。進路。

8「仁義《じんぎ》」は、ここでは人として行うべき道のこと。

10「推進《すいしん》」は、物事をおしすすめること。

11「寸断《すんだん》」は、こまかくずたずたに切ること。

16「宣言《せんげん》」は、広く世間に発表すること。

## 練習問題② 書き取り

グレーの部分は解答の補足です。

1 除草《じょそう》
2 承知《しょうち》
3 将来《しょうらい》
4 軽傷《けいしょう》
5 故障《こしょう》
6 蒸発《じょうはつ》
7 短針《たんしん》
8 仁術《じんじゅつ》
9 垂《た》れる
10 推理《すいり》
11 寸前《すんぜん》
12 目盛《めも》り
13 聖歌隊《せいかたい》
14 誠実《せいじつ》
15 舌打《したう》ち
16 宣伝《せんでん》
17 聖火《せいか》
18 支障《ししょう》
19 舌先《したさき》
20 針金《はりがね》
21 雨垂《あまだ》れ
22 原寸《げんすん》

6「蒸発《じょうはつ》」は、液体が気体になること。

8「医《い》は仁術《じんじゅつ》」は、医術は単なる技術ではなく、人を治すことによって仁徳をほどこす術であるという意味。

11「寸前《すんぜん》」は、ほんの少し前。

13「聖歌隊《せいかたい》」は、キリスト教教会で聖歌を歌う合唱団。

## 練習問題③ 同じ読みの漢字

グレーの部分は解答の補足です。

1 除《のぞ》く
2 望《のぞ》む
3 心身《しんしん》
4 方針《ほうしん》
5 水道管《すいどうかん》
6 推移《すいい》
7 聖火台《せいかだい》
8 成功《せいこう》

## 練習問題④ 部首と部首名

グレーの部分は解答の補足です。

1 う 阝
2 ア こざとへん
3 え 手
4 カ て
5 く 艹
6 キ くさかんむり
7 お 金
8 イ かねへん
9 い 土
10 オ つち
11 か 寸
12 ウ すん
13 あ 耳
14 エ みみ
15 き 宀
16 ク うかんむり

# 学習ドリル 7 すぐにチェック!! 練習問題【解答・解説】

問題は本冊P36~38

## 練習問題 ① 読み

グレーの部分は解答の補足です。

1 せんもん
2 げんせん
3 せんしゃ
4 そめる
5 つりせん
6 しんぜん
7 えんそう
8 そうがい
9 そうさく
10 ふくそう
11 こうそう
12 たいそう
13 れいぞうこ
14 しんぞう
15 ほぞん
16 たっとぶ とうとぶ
17 しりぞく
18 じゅうたく
19 よい
20 まどぐち
21 つくる
22 じょうそう

6「親《しん》善《ぜん》」は、たがいに仲よくすること。
8「窓《そう》外《がい》」は、まどのそと。
9「創《そう》作《さく》」は、新しいものを作り出すこと。
20「窓《まど》口《ぐち》」は、外来者に直接対応し、書類などの受けわたしをするところ。
22「情《じょう》操《そう》」は、社会的価値を帯びた、複雑で高次な感情。

## 練習問題 ② 書き取り

グレーの部分は解答の補足です。

1 専《せん》念《ねん》
2 温《おん》泉《せん》
3 洗《せん》顔《がん》
4 染《そ》め
5 銭《せん》湯《とう》
6 改《かい》善《ぜん》
7 合《がっ》奏《そう》
8 車《しゃ》窓《そう》
9 独《どく》創《そう》
10 軽《けい》装《そう》
11 地《ち》層《そう》
12 操《そう》作《さ》
13 貯《ちょ》蔵《ぞう》
14 臓《ぞう》器《き》
15 存《そん》在《ざい》
16 尊《そん》敬《けい》
17 引《いん》退《たい》
18 帰《き》宅《たく》
19 泉《いずみ》
20 皿《さら》洗《あら》い
21 善《ぜん》
22 窓《まど》側《がわ》

8「車《しゃ》窓《そう》」は、列車や自動車などの窓。
11「地《ち》層《そう》」は、いくつかの層からなる岩の集まり。
13「貯《ちょ》蔵《ぞう》」は、たくわえておくこと。
21「善《ぜん》は急《いそ》げ」は、よいと思ったことをするのにためらうなという意味。

## 練習問題 ③ 同じ読みの漢字

グレーの部分は解答の補足です。

1 徒《と》競《きょう》走《そう》
2 独《どく》奏《そう》
3 創《そう》造《ぞう》
4 空《くう》想《そう》
5 臓《ぞう》器《き》
6 内《ない》蔵《ぞう》
7 尊《そん》重《ちょう》
8 市《し》町《ちょう》村《そん》

## 練習問題 ④ 部首と部首名

グレーの部分は解答の補足です。

1 か 水
2 ウ みず
3 く 木
4 カ き
5 う 大
6 オ だい
7 え 穴
8 エ あなかんむり
9 あ 刂
10 キ りっとう
11 き 扌
12 イ てへん
13 い 子
14 ア こ
15 お 寸
16 ク すん

# すぐにチェック!! 練習問題【解答・解説】

問題は本冊P40〜42

## 練習問題 1 読み

グレーの部分は解答の補足です。

1 たんにん
2 たんさ
3 せいたん
4 しゅだん
5 だんりゅう
6 かち
7 ちゅうがえり
8 ちゅうこく
9 ちょめい
10 ちょうしゃ
11 ちょうじょう
12 しょうちょう
13 しおかぜ
14 ちんぎん
15 つうかい
16 てきい
17 てんかい
18 けんとう
19 いたむ
20 さがす
21 あたたかく
22 いただく

3「生誕《せいたん》」は、人が生まれること。誕生。
5「暖流《だんりゅう》」は、まわりの海水より暖かい海流のこと。黒潮《くろしお》はその代表。
8「忠告《ちゅうこく》」は、まごころをもって相手に注意すること。
15「痛快《つうかい》」は、とてもゆかいなさま。
18「検討《けんとう》」は、調べて研究すること。

## 練習問題 2 書き取り

グレーの部分は解答の補足です。

1 負担《ふたん》
2 探検《たんけん》 探険《たんけん》
3 誕生《たんじょう》
4 階段《かいだん》
5 温暖《おんだん》
6 数値《すうち》
7 宇宙《うちゅう》
8 忠実《ちゅうじつ》
9 著者《ちょしゃ》
10 県庁《けんちょう》
11 頂点《ちょうてん》
12 大腸《だいちょう》
13 干潮《かんちょう》
14 運賃《うんちん》
15 痛手《いたで》
16 強敵《きょうてき》
17 発展《はってん》
18 討議《とうぎ》
19 黒潮《くろしお》
20 値《ね》上《あ》がり
21 安値《やすね》
22 頂《いただき》

9「著者《ちょしゃ》」は、本を書きあらわした人。
13「干潮《かんちょう》」は、海水がひいて水面が最も低くなること。
15「痛手《いたで》」は、心や体に受ける深い傷。大きな損害。
18「討議《とうぎ》」は、問題について意見をたたかわせること。

## 練習問題 3 同じ読みの漢字

グレーの部分は解答の補足です。

1 担当《たんとう》
2 短気《たんき》
3 寒暖《かんだん》
4 断面《だんめん》
5 値《ね》
6 根《ね》
7 展示《てんじ》
8 欠点《けってん》

## 練習問題 4 部首と部首名

グレーの部分は解答の補足です。

1 い 言
2 ア ごんべん
3 お 殳
4 ク るまた ほこづくり
5 あ 心
6 エ こころ
7 く 广
8 カ まだれ
9 か 宀
10 キ うかんむり
11 う 疒
12 イ やまいだれ
13 き 尸
14 ウ かばね しかばね
15 え 頁
16 オ おおがい

# まとめテスト2 すぐにチェック!! 練習問題【解答・解説】

問題は本冊P43～44

## 練習問題1 漢字と送りがな

1 捨《す》てる
2 若《わか》い
3 従《したが》える
4 縮《ちぢ》まる
5 垂《た》らす
6 洗《あら》う
7 探《さが》す
8 染《そ》める

## 練習問題2 対義語・類義語

グレーの部分は問題の熟語・解答の補足です。

1 選《せん》別《べつ》＝取《しゅ》捨《しゃ》
2 支《し》出《しゅつ》↕収《しゅう》入《にゅう》
3 辞《じ》任《にん》↕就《しゅう》任《にん》
4 横《おう》断《だん》↕縦《じゅう》断《だん》
5 始《し》末《まつ》＝処《しょ》理《り》
6 広《こう》告《こく》＝宣《せん》伝《でん》
7 改《かい》良《りょう》＝改《かい》善《ぜん》
8 保《ほ》管《かん》＝保《ほ》存《ぞん》
9 重《おも》荷《に》＝負《ふ》担《たん》
10 寒《かん》冷《れい》↕温《おん》暖《だん》
11 助《じょ》言《げん》＝忠《ちゅう》告《こく》
12 快《かい》楽《らく》↕苦《く》痛《つう》

## 練習問題3 画数

何画目

| 1 | 3 | 5 | 7 | 9 | 11 | 13 | 15 | 17 | 19 | 21 | 23 |
|---|---|---|---|---|---|---|---|---|---|---|---|
| 6 | 5 | 8 | 3 | 9 | 6 | 8 | 6 | 3 | 9 | 6 | 8 |

総画数

| 2 | 4 | 6 | 8 | 10 | 12 | 14 | 16 | 18 | 20 | 22 | 24 |
|---|---|---|---|---|---|---|---|---|---|---|---|
| 10 | 8 | 12 | 10 | 13 | 8 | 11 | 12 | 12 | 15 | 9 | 10 |

## 練習問題4 四字の熟語

グレーの部分は解答の補足です。

1 条《じょう》件《けん》反《はん》射《しゃ》
2 四《し》捨《しゃ》五《ご》入《にゅう》
3 臨《りん》時《じ》収《しゅう》入《にゅう》
4 就《しゅう》職《しょく》活《かつ》動《どう》
5 問《もん》題《だい》処《しょ》理《り》
6 除《じょ》雪《せつ》作《さ》業《ぎょう》
7 蒸《じょう》気《き》機《き》関《かん》
8 推《すい》理《り》小《しょう》説《せつ》
9 聖《せい》人《じん》君《くん》子《し》
10 開《かい》会《かい》宣《せん》言《げん》
11 国《こく》際《さい》親《しん》善《ぜん》
12 創《そう》立《りつ》記《き》念《ねん》
13 器《き》械《かい》体《たい》操《そう》
14 負《ふ》担《たん》軽《けい》減《げん》

1 ある条件をあたえられると起こる反射運動のこと。
2 切り下げたり切り上げたりしておよその数にすること。
3 決まったときではなくお金が入ること。
4 会社に就職するためのさまざまな活動のこと。
5 問題をかたづけること。
6 積もった雪を取りのぞく作業のこと。
7 蒸気の力を利用して機械などを動かすしくみ。
8 事件のなぞを推理する内容の小説。
9 知識・人格ともすぐれたりっぱな人物。
10 大会の最初に開会を表明すること。
11 国と国が仲良くすること。
12 学校や会社などをつくったことを祝う行事。
13 とびばこ、鉄ぼうなどの器械を使って行う体操。
14 責任や仕事を減らすこと。

# 学習ドリル 9 すぐにチェック!! 練習問題【解答・解説】

問題は本冊P46～48

## 練習問題 ① 読み

グレーの部分は解答の補足です。

1 せいとう
2 とうぶん
3 とどけ
4 困《こん》なん
5 にゅうし
6 みとめ
7 のうにゅう
8 しゅのう
9 りっぱ
10 はいけん
11 はいけい
12 はい
13 はいじん
14 はん
15 まいばん
16 むずかしい
17 ぼにゅう
18 のうは
19 おがむ
20 せなか
21 こんばん
22 かくはん

7「納入《のうにゅう》」は、学校や会社などに、お金や品物を納めること。

8「首脳《しゅのう》」は、政府や団体などのリーダー。

10「拝見《はいけん》」は、「見る」をへりくだっていうことば。

13「俳人《はいじん》」は、俳句を作る人。

18「脳波《のうは》」は、脳の細ぼうの活動を電気的に記録したもの。脳電図ともいう。

## 練習問題 ② 書き取り

グレーの部分は解答の補足です。

1 悪《あく》党《とう》
2 砂《さ》糖《とう》
3 届く
4 難《なん》問《もん》
5 牛《ぎゅう》乳《にゅう》
6 認《みと》める
7 納《のう》税《ぜい》
8 頭《ず》脳《のう》
9 派《は》手《で》
10 参《さん》拝《ぱい》
11 背《せ》筋《すじ》
12 肺《はい》活《かつ》量《りょう》
13 俳《はい》句《く》
14 班《はん》長《ちょう》
15 晩《ばん》春《しゅん》
16 乳《ちち》
17 納《おさ》め
18 特《とく》派《は》員《いん》
19 上《うわ》背《ぜい》
20 俳《はい》優《ゆう》
21 党《とう》首《しゅ》
22 背《はい》泳《えい》

1「悪党《あくとう》」は、悪人、またその仲間。

13「俳句《はいく》」は、五・七・五の十七音であらわす短い詩。

15「晩春《ばんしゅん》」は、春の終わりごろ。

18「特派員《とくはいん》」は、新聞社や放送局から外国に特別にはけんされ、報道の仕事をする記者。

## 練習問題 ③ 同じ読みの漢字

グレーの部分は解答の補足です。

1 納《おさ》める
2 修《おさ》める
3 拝《はい》観《かん》
4 配《はい》達《たつ》
5 晩《ばん》冬《とう》
6 出《で》番《ばん》
7 砂《さ》糖《とう》
8 政《せい》党《とう》

## 練習問題 ④ 部首と部首名

グレーの部分は解答の補足です。

1 お 隹
2 イ ふるとり
3 あ し
4 ク おつ
5 く 氵
6 キ さんずい
7 い 肉
8 オ にく
9 き 王
10 ウ おうへん たまへん
11 え 日
12 ア ひへん
13 か 尸
14 カ かばね しかばね
15 う 儿
16 エ ひとあし にんにょう

# 学習ドリル 10 すぐにチェック!! 練習問題【解答・解説】

問題は本冊P50～52

## 練習問題 ① 読み

グレーの部分は解答の補足です。

1 さんぴ
2 ひひょう
3 ひきょう
4 こめだわら
5 まんぷく
6 ふんき
7 なみき
8 へいか
9 へいかん
10 かたみち
11 こうほ

12 ぐらし
13 ほうこ
14 れきほう
15 しぼう
16 わすれて
17 ぼう
18 いちまい
19 ならぶ
20 とじる
21 たからぶね
22 たずねる

3「秘《ひ》境《きょう》」は、ほとんど人の訪れたことのない、まだ一般《ぱん》に知られていない地域。
6「奮《ふん》起《き》」は、元気をふるい起こすこと。
13「宝《ほう》庫《こ》」は、役立つものを多く産出するところ。
14「歴《れき》訪《ほう》」は、いろいろな土地や人を次々と訪ねること。

## 練習問題 ② 書き取り

グレーの部分は解答の補足です。

1 否《ひ》決《けつ》
2 批《ひ》判《はん》
3 秘《ひ》書《しょ》
4 土《ど》俵《ひょう》
5 中《ちゅう》腹《ふく》
6 興《こう》奮《ふん》
7 足《あし》並《なみ》
8 陛《へい》下《か》
9 閉《へい》店《てん》
10 片《かた》方《ほう》
11 補《ほ》欠《けつ》

12 暮《く》れ
13 宝《ほう》石《せき》
14 訪《ほう》問《もん》
15 存《そん》亡《ぼう》
16 忘《わす》れ
17 鉄《てつ》棒《ぼう》
18 枚《まい》数《すう》
19 奮《ふる》って
20 横《よこ》並《なら》び
21 閉《し》める
22 枚《まい》挙《きょ》

15「存《そん》亡《ぼう》」は、存在とめつ亡のこと。存続するか、消えてなくなってしまうかということ。

22「枚《まい》挙《きょ》」は、一つ一つ数え上げること。「枚《まい》挙《きょ》にいとまがない」は、数え切れないほどたくさんあること。

## 練習問題 ③ 同じ読みの漢字

グレーの部分は解答の補足です。

1 腹《はら》
2 原《はら》っぱ

3 開《かい》閉《へい》
4 平《へい》易《い》

5 片《かた》思《おも》い
6 型《かた》

7 補《ほ》導《どう》
8 歩《ほ》数《すう》

## 練習問題 ④ 部首と部首名

グレーの部分は解答の補足です。

1 い 大
2 カ だい
3 き 一
4 ア いち
5 う 阝
6 オ こざとへん
7 え 片
8 イ かた
9 く 宀
10 キ うかんむり
11 あ 亠
12 エ なべぶた けいさんかんむり
13 お 心
14 ク こころ
15 か 口
16 ウ くち

# 学習ドリル 11

# すぐにチェック!! 練習問題【解答・解説】

問題は本冊P54〜56

## 練習問題 1 読み

グレーの部分は解答の補足です。

1 ばくふ
2 みっしゅう
3 めいゆう
4 もよう
5 つうやく
6 ゆうそう
7 ゆうしょう
8 あずかり
9 ようちゅう
10 いよく
11 よくじつ
12 さんらん
13 たまごやき
14 ゆうらん
15 うらにわ
16 ちょうりつ
17 くんりん
18 ろうどく
19 ろんぶん
20 わけ
21 おさない
22 りんかい

3「盟友《めいゆう》」は、同じ目的のためにちかいあった友のこと。
12「散乱《さんらん》」は、物が散らかり、乱れていること。
16「調律《ちょうりつ》」は、楽器の音を一定のしくみにととのえること。
17「君臨《くんりん》」は、主君として国家を統治すること。ある分野で強大な力をふるうこと。

## 練習問題 2 書き取り

グレーの部分は解答の補足です。

1 幕内《まくうち》
2 密度《みつど》
3 同盟《どうめい》
4 模型《もけい》
5 和訳《わやく》
6 郵便《ゆうびん》
7 優先《ゆうせん》
8 預金《よきん》
9 幼少《ようしょう》
10 食欲《しょくよく》
11 翌年《よくねん》
12 混乱《こんらん》
13 生卵《なまたまご》
14 回覧《かいらん》
15 裏口《うらぐち》
16 法律《ほうりつ》
17 臨時《りんじ》
18 明朗《めいろう》
19 結論《けつろん》
20 幼友達《おさなともだち》
21 乱《みだ》れる
22 一覧《いちらん》

3「同盟《どうめい》」は、同じ目的のために力を合わせることを約束すること。
14「回覧《かいらん》」は、つぎつぎに見てまわすこと。
17「臨時《りんじ》」は、定期的なものでないこと。一時的であること。

## 練習問題 3 同じ読みの漢字

グレーの部分は解答の補足です。

1 加盟《かめい》
2 名人《めいじん》
3 優先《ゆうせん》
4 共有《きょうゆう》
5 器用《きよう》
6 幼児《ようじ》
7 規律《きりつ》
8 国立《こくりつ》

## 練習問題 4 部首と部首名

グレーの部分は解答の補足です。

1 え 皿
2 イ さら
3 う 木
4 カ きへん
5 あ 幺
6 キ よう いとがしら
7 お 羽
8 ウ はね
9 く 乚
10 ア おつ
11 か 卩
12 ク わりふ ふしづくり
13 い 衣
14 エ ころも
15 き 臣
16 オ しん

# まとめテスト 3

## すぐにチェック!! 練習問題【解答・解説】

問題は本冊P57~58

### 練習問題 1 漢字と送りがな

1 難《むずか》しい
2 拝《おが》む
3 並《なら》べる
4 閉《と》じる
5 訪《たず》ねる
6 忘《わす》れる
7 幼《おさな》い
8 乱《みだ》れる

### 練習問題 2 対義語・類義語

グレーの部分は問題の熟語・解答の補足です。

1 地味《じみ》⇕派手《はで》
2 後方《こうほう》＝背後《はいご》
3 可決《かけつ》⇕否決《ひけつ》
4 冷静《れいせい》⇕興奮《こうふん》
5 開幕《かいまく》⇕閉幕《へいまく》
6 両方《りょうほう》⇕片方《かたほう》
7 他界《たかい》＝死亡《しぼう》
8 同士《どうし》＝相棒《あいぼう》
9 散在《さんざい》⇕密集《みっしゅう》
10 加入《かにゅう》＝加盟《かめい》
11 実物《じつぶつ》⇕模型《もけい》
12 表門《おもてもん》⇕裏門《うらもん》

### 練習問題 3 画数

| 何画目 | | 総画数 | |
|---|---|---|---|
| 1 | 7 | 2 | 8 |
| 3 | 8 | 4 | 11 |
| 5 | 6 | 6 | 9 |
| 7 | 3 | 8 | 10 |
| 9 | 6 | 10 | 10 |
| 11 | 6 | 12 | 10 |
| 13 | 3 | 14 | 4 |
| 15 | 10 | 16 | 11 |
| 17 | 8 | 18 | 11 |
| 19 | 7 | 20 | 11 |
| 21 | 2 | 22 | 17 |
| 23 | 2 | 24 | 18 |

### 練習問題 4 四字の熟語

グレーの部分は解答の補足です。

1 無理難題《むりなんだい》
2 大器晩成《たいきばんせい》
3 秘密文書《ひみつぶんしょ》
4 栄養補給《えいようほきゅう》
5 人間国宝《にんげんこくほう》
6 家庭訪問《かていほうもん》
7 針小棒大《しんしょうぼうだい》
8 書留郵便《かきとめゆうびん》
9 優先順位《ゆうせんじゅんい》
10 私利私欲《しりしよく》
11 一心不乱《いっしんふらん》
12 臨時列車《りんじれっしゃ》
13 明朗快活《めいろうかいかつ》
14 賛否両論《さんぴりょうろん》

実現できないような無理な要求。
才能のある人は、年をとってから立派になるということ。
かくして人に知らせないように書き表したもの。
足りない栄養をおぎなうこと。
音楽や工芸の分野で非常にすぐれている人。
学校の先生が生徒の家庭を訪ねること。
針くらい小さいことを、棒のように大きいことのように言うこと。
記録にとって、まちがいなく届くようにした郵便。
いくつかの事がらのうち、どれを先にすべきかの順位。
自分の利益や欲求だけで行動すること。
わき目もふらず一つのことに集中している様子。
必要に応じて通常の列車に加え臨時に運行する列車。
明るく元気でほがらかな様子。
賛成と反対の両方の意見があること。

## 一 読み

各1点 計20点

グレーの部分は解答の補足です。

1 かぶ
2 かたがわ
3 ようさん
4 えんがん
5 ないかく
6 したがう
7 あな
8 いちょう
9 わって
10 ほうもん
11 そなえた
12 こうちゃ
13 かくだい
14 すがた
15 すなどけい
16 もぞうし
17 げんしゅ
18 かんごし
19 なみき
20 われ

3「養《よう》蚕《さん》」は、絹の原料となる蚕のまゆをとるために、蚕を飼育すること。

7「穴《あな》があったら入《はい》りたい」は、身をかくしてしまいたいほどはずかしいと思うこと。

16「模《も》造《ぞう》紙《し》」は、和紙の一種を外国で模造したものを、さらに日本で模造したなめらかでつやのある紙。

17「厳《げん》守《しゅ》」は、規則や命令、約束などをきびしく守ること。

19「並《なみ》木《き》」は、樹木が並んで立っている様子のこと。

## 二 部首と部首名

各1点 計10点

部首と部首名は解答の補足です。

1 お 目
2 ウ め
3 こ 糸
4 カ いとへん
5 か 火
6 イ ひ
7 き 扌
8 コ てへん
9 う 刂
10 ク りっとう

## 三 画数

各1点 計10点

1 9
2 13
3 10
4 16
5 3
6 14
7 4
8 10
9 6
10 16

## 四 漢字と送りがな

各2点 計10点

1 収《おさ》まる
2 忘《わす》れる
3 補《おぎな》う
4 閉《と》じる
5 危《あぶ》ない

## 五 音と訓

各2点 計20点

1 ア 就《シュウ》学《ガク》
2 ウ 縦《たて》糸《いと》
3 イ 磁《ジ》場《ば》
4 ウ 傷《きず》口《ぐち》
5 ア 蒸《ジョウ》気《キ》
6 ア 誕《タン》生《ジョウ》
7 エ 値《ね》段《ダン》
8 ア 秘《ヒ》伝《デン》
9 イ 幕《マク》内《うち》
10 ウ 背《せ》広《びろ》

## 六 四字の熟語

各2点 計20点

グレーの部分は解答の補足です。

1 首《しゅ》脳《のう》会《かい》議《ぎ》
2 経《けい》世《せい》済《さい》民《みん》
3 人《にん》気《き》絶《ぜっ》頂《ちょう》
4 単《たん》純《じゅん》明《めい》快《かい》
5 天《てん》変《ぺん》地《ち》異《い》
6 半《はん》信《しん》半《はん》疑《ぎ》
7 一《いち》意《い》専《せん》心《しん》
8 三《さん》権《けん》分《ぶん》立《りつ》
9 創《そう》意《い》工《く》夫《ふう》
10 直《ちょく》射《しゃ》日《にっ》光《こう》

1 組織などの中心に立つ人たちが参加する会議。
2 世の中をうまく治め、民を救うこと。
3 人気がもっともある状態。
4 わかりやすくはっきりしていること。
5 地しん、つなみ、こうずいなど、自然界の大きな異変。
6 半分は信じ、半分は疑っていること。
7 ひたすら一つのことに心を集中させること。
8 立法・行政・司法の三つの権利を独立させる政治のしくみ。
9 今までになかったような新しいことを考え出し、さまざまな手段をためすこと。
10 じかに照らす太陽の光。

## 七 対義語・類義語

各2点／計20点

グレーの部分は問題の熟語・解答の補足です。

1 短縮《たんしゅく》—延長《えんちょう》
2 未来《みらい》—過去《かこ》
3 悪意《あくい》—善意《ぜんい》
4 悲報《ひほう》—朗報《ろうほう》
5 水平《すいへい》—垂直《すいちょく》
6 死去《しきょ》—死亡《しぼう》
7 容易《ようい》—簡単《かんたん》
8 感動《かんどう》—感激《かんげき》
9 重視《じゅうし》—尊重《そんちょう》
10 向上《こうじょう》—発展《はってん》

4「朗報《ろうほう》」は、喜ばしいしらせのこと。「報」は知らせること、知らせの意味。

7「容易《ようい》」は、簡単に行えること。やさしいこと。

## 八 熟語作り

各2点 計10点

1 ク イ 熟練《じゅくれん》
2 オ ウ 拝観《はいかん》
3 コ ア 著名《ちょめい》
4 カ エ 聖人《せいじん》
5 ケ キ 深刻《しんこく》

## 九 熟語の構成

各2点 計20点

1 エ
2 イ
3 ア
4 エ
5 エ
6 ウ
7 イ
8 エ
9 ウ
10 ア

退院《たいいん》 退《しりぞ》く↑(病)院(を)
困難《こんなん》 どちらも「くるしみ」の意。
呼吸《こきゅう》 呼(息をはく)⇕吸(息を吸う)
改装《かいそう》 改(める)↑装(よそおいを)
洗車《せんしゃ》 洗(う)↑車(を)
住宅《じゅうたく》 住(住むための)↓宅(家)
豊富《ほうふ》 どちらも「たくさんある」意。
作詞《さくし》 作(る)↑詞(言葉を)
正座《せいざ》 正(しく)↓座(る)
公私《こうし》 公(公的なこと)⇕私(私的なこと)

## 十 同じ読みの漢字

各2点／計20点

グレーの部分は解答の補足です。

1 映《うつ》る
2 移《うつ》る
3 郷土《きょうど》
4 強化《きょうか》
5 公衆《こうしゅう》
6 練習《れんしゅう》
7 推進《すいしん》
8 水面《すいめん》
9 近視《きんし》
10 停止《ていし》

3「郷土《きょうど》」は、生まれ育った土地のこと。故郷。また、その地方、土地のこと。

5「公衆《こうしゅう》」は、社会一般《ぱん》の人々のこと。

## 十一 漢字

各2点 計40点

グレーの部分は解答の補足です。

1 届《とど》ける
2 幼《おさな》い
3 乱《みだ》れた
4 論争《ろんそう》
5 探《さが》す
6 担当《たんとう》
7 鉄棒《てつぼう》
8 暖《あたた》かい
9 宙返《ちゅうがえ》り
10 蔵書《ぞうしょ》

11 寸前《すんぜん》
12 染《そ》まる
13 痛《いた》んで
14 潮《しお》
15 糖分《とうぶん》
16 運賃《うんちん》
17 若者《わかもの》
18 尺八《しゃくはち》
19 承知《しょうち》
20 骨折《ほねお》り

4「論争《ろんそう》」は、異なる意見をもつ人が、たがいに自分の説を主張して争うこと。

10「蔵書《ぞうしょ》」は、書物を所有物としていること。また、所有している書物のこと。

14「満《み》ち潮《しお》」は、海水面が一日の中で最も高くなった状態のこと。「満潮《まんちょう》」ともいう。逆に海水面が最も低くなった状態を「引《ひ》き潮《しお》」「干潮《かんちょう》」という。

18「尺八《しゃくはち》」は、竹から作られた木管楽器の一種のこと。

問題は本冊P66～71

## 一 読み

各1点 計20点

グレーの部分は解答の補足です。

1 ひみつ
2 たいまい
3 ふるって
4 おぎなう
5 きぼ
6 せぼね
7 はんちょう
8 どうめい
9 しょくよく
10 いただき
11 ととう
12 たらす
13 べにいろ
14 えんそう
15 じゅうじ
16 こめだわら
17 せいざ
18 はげしい
19 みなもと
20 あらい

2「大枚《たいまい》」は、金額が大きいこと。多額のお金。
5「規《き》模《ぼ》」は、物事のしくみや構造などの大きさ。
8「同《どう》盟《めい》」は、同じ目的のために力を合わせることを約束すること。
10「頂《いただき》」は、てっぺんのこと。
11「徒《と》党《とう》」は、よくないことを起こすために仲間を集めること。また、その仲間。
15「従《じゅう》事《じ》」は、仕事にたずさわること。

## 二 部首と部首名

各1点 計10点

部首と部首名は解答の補足です。

1 か 革　2 オ かくのかわ つくりがわ
3 け 戈　4 カ ほこづくり ほこがまえ
5 い 攵　6 イ のぶん ぼくづくり
7 う ⺮　8 ク たけかんむり
9 お 扌　10 ケ てへん

## 三 画数

各1点 計10点

1 9
2 15
3 8
4 13
5 6
6 9
7 4
8 7
9 10
10 16

## 四 漢字と送りがな

各2点 計10点

1 尊《とうと》い・貴《とうと》い
2 暖《あたた》める
3 納《おさ》める
4 届《とど》ける
5 降《お》りる

## 五 音と訓

各2点 計20点

1 ア 穀《コク》物《モツ》
2 イ 絵《エ》姿《すがた》
3 ア 宅《タク》配《ハイ》
4 ウ 舌《した》先《さき》
5 ウ 葉《は》巻《まき》
6 ア 革《カク》新《シン》
7 エ 株《かぶ》価《カ》
8 ア 憲《ケン》法《ポウ》
9 ア 除《ジョ》雪《セツ》
10 イ 役《ヤク》割《わり》

## 六 四字の熟語

各2点 計20点

グレーの部分は解答の補足です。

1 異《い》口《く》同《どう》音《おん》
2 公《こう》衆《しゅう》道《どう》徳《とく》
3 条《じょう》件《けん》反《はん》射《しゃ》
4 宣《せん》戦《せん》布《ふ》告《こく》
5 臨《りん》海《かい》学《がっ》校《こう》
6 聖《せい》人《じん》君《くん》子《し》
7 四《し》捨《しゃ》五《ご》入《にゅう》
8 質《しつ》疑《ぎ》応《おう》答《とう》
9 人《じん》口《こう》密《みつ》度《ど》
10 起《き》承《しょう》転《てん》結《けつ》

1 多くの人が、口をそろえて同じことを言うこと。
2 おたがい迷わくをかけないために、守るべき事がら。
3 ある条件を与えられると起こる反射運動のこと。
4 ある国が別の国に対して戦争を行うことを宣言すること。
5 夏休みなどに、海辺での集団生活をとおして心身をはぐくむ教育活動。
6 知識・人格ともすぐれたりっぱな人物。
7 切り下げたり切り上げたりしておよその数にすること。
8 質問とそれに対する答え。
9 人口がある単位の面積に分布する割合。
10 文章の組み立て方や、物事の順序のこと。

## 七 対義語・類義語

各2点／計20点

グレーの部分は問題の熟語・解答の補足です。

1 安全《あんぜん》—危険《きけん》
2 遠洋《えんよう》—沿岸《えんがん》
3 拡大《かくだい》—縮小《しゅくしょう》
4 満潮《まんちょう》—干潮《かんちょう》
5 解任《かいにん》—就任《しゅうにん》
6 価格《かかく》—値段《ねだん》
7 味方《みかた》—加担《かたん》
8 助言《じょげん》—忠告《ちゅうこく》
9 開業《かいぎょう》—創業《そうぎょう》
10 後方《こうほう》—背後《はいご》

4「満潮《まんちょう》」は、海水が満ちて水面が最も高くなること。「干潮《かんちょう》」は、海水がひいて、水面が最も低くなること。

7「加担《かたん》」は、仲間になること。

## 八 熟語作り

各2点 計10点

1 ク ア 専行《せんこう》
2 ウ コ 補足《ほそく》
3 イ ケ 視界《しかい》
4 キ オ 呼応《こおう》
5 カ エ 口論《こうろん》

## 九 熟語の構成

各2点 計20点

1 イ
2 ウ
3 ア
4 ウ
5 イ
6 ウ
7 エ
8 イ
9 ア
10 エ

鉄鋼《てっこう》 どちらも「てつ」の意。
完済《かんさい》 完(完全に)↓済(ます)
難易《なんい》 難(しい)⇔易(しい)
誤字《ごじ》 誤(りの)↓字
価値《かち》 どちらも「あたい」の意。
広域《こういき》 広(い)↓域
観劇《かんげき》 観(みる)↑劇(を)
映写《えいしゃ》 どちらも「うつす」意。
開閉《かいへい》 開(く)⇔閉(まる)
帰郷《ききょう》 帰(る)↑郷(ふるさとに)

## 十 同じ読みの漢字

各2点／計20点

グレーの部分は解答の補足です。

1 勤《つと》める
2 努《つと》める
3 辞典《じてん》
4 個展《こてん》
5 英訳《えいやく》
6 役目《やくめ》
7 支店《してん》
8 至急《しきゅう》
9 貴重《きちょう》
10 日記《にっき》

5「英訳《えいやく》」は、日本語の文章を英語にすること。

7「支店《してん》」は、本店とは別の場所にあり、その指揮を受ける営業所のこと。

## 十一 漢字

各2点 計40点

グレーの部分は解答の補足です。

1 胸《むね》
2 山系《さんけい》
3 現存《げんぞん》
4 高層《こうそう》
5 認《みと》め
6 子宝《こだから》
7 並《なみ》
8 亡命《ぼうめい》
9 優等《ゆうとう》
10 暮《く》れる
11 痛《いた》む
12 訪《たず》ねる
13 棒《ぼう》
14 晩《ばん》
15 回覧《かいらん》
16 預《あず》かる
17 一律《いちりつ》
18 裏《うら》
19 広域《こういき》
20 腹《はら》

2「山系《さんけい》」は、近くにある二つ以上の山脈が、全体で一つの系統をなしている山脈群。

8「亡命《ぼうめい》」は、政治や思想、宗教、人種的な理由などによる迫《はく》害を受けているものが外国へにげること。

13「棒《ぼう》にふる」は、それまでに積み重ねてきた努力や成果を無にしてしまう。

15「回覧《かいらん》」は、つぎつぎに見てまわすこと。

20「腹《はら》の虫《むし》がおさまらない」は、腹が立ってがまんできない。

## 5級 本試験型テスト 第3回 解答・解説

問題は本冊P72〜77

### 一 読み

各1点 計20点

グレーの部分は解答の補足です。

1 せんとう
2 ひとすじなわ
3 いずみ
4 ていたい
5 とどける
6 ほさ
7 いたる
8 したがって
9 じゅひょう
10 まど
11 じゅくした
12 けんぽう
13 たんさ
14 みとめ
15 まいきょ
16 いよく
17 かんらん
18 ゆうびん
19 みだれ
20 そめ

9「樹氷《じゅひょう》」は、霧《きり》のつぶが木の枝など一面にこおりついたもの。

12「憲法《けんぽう》」は、国を治めるための大もとのきまり。

13「探査《たんさ》」は、未知の対象についてさぐり調べること。

15「枚挙《まいきょ》」は、一つ一つ数え上げること。「枚挙にいとまがない」で、数えるときりがない、数えられないほど多くある、という意味の表現。

17「観覧《かんらん》」は、見物すること。

### 二 部首と部首名

各1点 計10点

部首と部首名は解答の補足です。

1 お 臣
2 イ しん
3 こ 刂
4 カ りっとう
5 う 阝
6 ク こざとへん
7 く 穴
8 コ あな
9 い 攵
10 ケ のぶん ぼくづくり

### 三 画数

各1点 計10点

1 11
2 14
3 12
4 16
5 9
6 10
7 12
8 15
9 10
10 17

### 四 漢字と送りがな

各2点 計10点

1 延《の》ばす
2 疑《うたが》う
3 除《のぞ》く
4 刻《きざ》む
5 敬《うやま》う

### 五 音と訓

各2点 計20点

1 ウ 縦《たて》糸《いと》
2 ア 貴《キ》重《チョウ》
3 エ 砂《すな》地《チ》
4 ア 興《コウ》奮《フン》
5 ウ 歯《は》車《ぐるま》
6 イ 仕《シ》草《ぐさ》
7 ア 皇《コウ》位《イ》
8 ア 恩《オン》愛《アイ》
9 ア 吸《キュウ》引《イン》
10 エ 片《かた》方《ホウ》

### 六 四字の熟語

各2点 計20点

グレーの部分は解答の補足です。

1 鉄《てつ》道《どう》模《も》型《けい》
2 水《すい》分《ぶん》補《ほ》給《きゅう》
3 寸《すん》進《しん》尺《しゃく》退《たい》
4 針《しん》小《しょう》棒《ぼう》大《だい》
5 株《かぶ》式《しき》会《がい》社《しゃ》
6 簡《かん》易《い》書《かき》留《とめ》
7 危《き》険《けん》信《しん》号《ごう》
8 勤《きん》務《む》時《じ》間《かん》
9 専《せん》門《もん》用《よう》語《ご》
10 大《たい》器《き》晩《ばん》成《せい》

一定の縮尺による鉄道車両や線路の模型のこと。

足りない水分を補うこと。

一寸(少し)進んで一尺(多く)退くこと。得るものが少なく失うものが多いこと。

針くらい小さいことを、棒のように大きいことのように言うこと。

多くの人が元手のお金を出し合い、仕事をする会社。

一般《ぱん》の書留郵便よりも簡単な書留郵便のこと。

危ないことを知らせるための信号。

働くように決められた時間。

専門の分野だけで使われることば。

才能のある人は、年をとってから立派になるということ。

## 七 対義語・類義語

各2点／計20点

グレーの部分は問題の熟語・解答の補足です。

1 悪《あく》人《にん》―善《ぜん》人《にん》
2 同《どう》意《い》―反《はん》論《ろん》
3 可《か》決《けつ》―否《ひ》決《けつ》
4 公《こう》然《ぜん》―内《ない》密《みつ》
5 正《せい》門《もん》―裏《うら》門《もん》
6 外《がい》国《こく》―異《い》国《こく》
7 持《じ》続《ぞく》―存《そん》続《ぞく》
8 方《ほう》法《ほう》―手《しゅ》段《だん》
9 明《めい》細《さい》―内《うち》訳《わけ》
10 役《やく》所《しょ》―官《かん》庁《ちょう》

3「可決《かけつ》」は、提出議案をよいと認めて決め、「否決《ひけつ》」は、認めないと決めること。

9「内訳《うちわけ》」は、費用や内容などを種類ごとに分けたもの。

## 八 熟語作り

各2点 計10点

1 オ イ 立《りっ》派《ぱ》
2 コ キ 俳《はい》句《く》
3 ク エ 宇《う》宙《ちゅう》
4 ア ウ 改《かい》革《かく》
5 カ ケ 看《かん》護《ご》

## 九 熟語の構成

各2点 計20点

1 ウ 暖冬《だんとう》 暖(かい)↓冬
2 ア 干満《かんまん》 干(潮)⇕満(潮)「潮の満ち引き」
3 ウ 過激《かげき》 過(度をこえて)↓激(しい)
4 イ 永久《えいきゅう》 どちらも「時間が長い」意。
5 イ 樹木《じゅもく》 どちらも「木」の意。
6 ア 寒暖《かんだん》 寒(い)⇕暖(かい)
7 ウ 母乳《ぼにゅう》 母(の)↓乳
8 エ 就職《しゅうしょく》 就(つく)↑職(に)
9 ウ 絹糸《きぬいと》 絹(の)↓糸
10 ウ 遺志《いし》 遺(故人がのこした)↓志

## 十 同じ読みの漢字

各2点／計20点

グレーの部分は解答の補足です。

1 納《おさ》める
2 収《おさ》める
3 取《しゅ》捨《しゃ》
4 学《がく》者《しゃ》
5 聖《せい》地《ち》
6 整《せい》理《り》
7 当《とう》選《せん》
8 糖《とう》分《ぶん》
9 展《てん》開《かい》
10 転《てん》校《こう》生《せい》

3「取捨《しゅしゃ》」は必要なものを取り上げることと、不要なものを捨てること。

9「展開《てんかい》」は、広げる・広がること。

## 十一 漢字

各2点 計40点

グレーの部分は解答の補足です。

1 私事《わたくしごと》
2 散《さん》策《さく》
3 縮《ちぢ》んで
4 尊《たっと》ぶ・貴《たっと》ぶ
5 内《ない》臓《ぞう》
6 討《とう》議《ぎ》
7 若《わか》い
8 批《ひ》判《はん》
9 背《せい》比《くら》べ
10 卵《たまご》
11 翌《よく》日《じつ》
12 地《ち》域《いき》
13 皇《こう》族《ぞく》
14 退《しりぞ》いた
15 体《たい》操《そう》
16 灰《はい》
17 紅《こう》葉《よう》
18 警《けい》護《ご》
19 蚕《かいこ》
20 映《うつ》す

1「私事《わたくしごと》」は、公的でない、自分だけの個人的な事がら。「しじ」とも読む。

6「討議《とうぎ》」は、意見を出して話し合うこと。

8「批判《ひはん》」は、物事のよしあしについて検討し、判断・評価すること。

18「警護《けいご》」は、危険のないように、よく注意して守ること。

20「子《こ》は親《おや》を映《うつ》す鏡《かがみ》」は、子のふるまいを見ると、親がどのような人物であるかがわかるという意味。

問題は本冊P78〜83

## 一 読み

各1点 計20点

グレーの部分は解答の補足です。

1 さばく
2 しゅうかんし
3 すんだ
4 ほしょう
5 けんばいき
6 そううん
7 ふり
8 こまった
9 かし
10 たずねた
11 わすれて
12 いさく
13 わって
14 はっき
15 きょうきゅう
16 きんにくつう
17 けんり
18 よぶ
19 ほね
20 われ

4「保障《ほしょう》」は、一定の地位や状態を保護し守ること。

6「層雲《そううん》」は、灰色をした層状の雲。下層雲の一つ。

14「発揮《はっき》」は、あらわし出すこと。

15「供給《きょうきゅう》」は、必要や要求に応じて、物を与えわたすこと。また、販《はん》売のために、商品を市場《しじょう》に出すこと。

17「権利《けんり》」は、物事を自分の意志によって自由に行ったり、人に要求したりできる能力や資格のこと。

## 二 部首と部首名

各1点 計10点

部首と部首名は解答の補足です。

1 き 幺 2 エ よう いとがしら
3 か 心 4 カ こころ
5 い 宀 6 キ うかんむり
7 え 耳 8 ケ みみ
9 こ 水 10 オ みず

## 三 画数

各1点 計10点

1 8
2 11
3 12
4 17
5 6
6 14
7 8
8 11
9 2
10 8

## 四 漢字と送りがな

各2点 計10点

1 預《あず》かる
2 閉《し》まる
3 難《むずか》しい
4 洗《あら》う
5 拝《おが》む

## 五 音と訓

各2点 計20点

1 ア 権利《ケンリ》
2 ウ 節穴《ふしあな》
3 ア 喜劇《キゲキ》
4 エ 夕刻《ゆうコク》
5 ウ 首筋《くびすじ》
6 ウ 骨身《ほねみ》
7 ア 系列《ケイレツ》
8 ア 皇室《コウシツ》
9 エ 株券《かぶケン》
10 ア 内閣《ナイカク》

## 六 四字の熟語

各2点 計20点

グレーの部分は解答の補足です。

1 一心不乱《いっしんふらん》
2 異口同音《いくどうおん》
3 臨機応変《りんきおうへん》
4 予防注射《よぼうちゅうしゃ》
5 応急処置《おうきゅうしょち》
6 独立宣言《どくりつせんげん》
7 私利私欲《しりしよく》
8 空理空論《くうりくうろん》
9 明朗快活《めいろうかいかつ》
10 就職活動《しゅうしょくかつどう》

わき目もふらず一つのことに集中している様子。

多くの人が、口をそろえて同じことを言うこと。

そのときごとにいちばん合ったやり方をすること。

伝染病にかからないように、予防のために注射すること。

急病人やけが人に、とりあえずその場でしておく処置。

その国が独立したことを、世界の国に知らせること。

自分の利益や欲求だけで行動すること。

現実とかけはなれた、実際には役に立たない考えや理論。

明るく元気でほがらかな様子。

会社に就職するためのさまざまな活動のこと。

## 七 対義語・類義語

各2点／計20点

グレーの部分は問題の熟語・解答の補足です。

1 散在《さんざい》―密集《みっしゅう》
2 公用《こうよう》―私用《しよう》
3 安全《あんぜん》―危険《きけん》
4 保守《ほしゅ》―改革《かいかく》
5 反目《はんもく》―親善《しんぜん》
6 高価《こうか》―高値《たかね》
7 直前《ちょくぜん》―寸前《すんぜん》
8 加入《かにゅう》―加盟《かめい》
9 来週《らいしゅう》―翌週《よくしゅう》
10 手短《てみじか》―簡略《かんりゃく》

1「散在《さんざい》」は、あちらこちらに散らばってあること。

5「反目《はんもく》」は、たがいに仲が悪く、対立すること。

## 八 熟語作り

各2点 計10点

1 カ ウ 訪問《ほうもん》
2 エ キ 奮起《ふんき》
3 ケ イ 痛切《つうせつ》
4 ク オ 創作《そうさく》
5 コ ア 担当《たんとう》

## 九 熟語の構成

各2点 計20点

1 イ 尊敬《そんけい》 どちらも「うやまう」意。
2 エ 垂直《すいちょく》 垂(れ下がる)↑直(まっすぐに)
3 ウ 座高《ざこう》 座(ったときの)↓高(さ)
4 エ 除名《じょめい》 除(く)↑名(を)
5 イ 破損《はそん》 どちらも「こわす」意。
6 ウ 映像《えいぞう》 映(った)↓像
7 ア 紅白《こうはく》 紅(赤)⇔白
8 ウ 宅配《たくはい》 宅(家に)↓配(る)
9 ア 縦横《じゅうおう》 縦⇔横「たてよこ」とも読む。
10 エ 備忘《びぼう》 備(える)↑忘(れたときのために)

## 十 同じ読みの漢字

各2点／計20点

グレーの部分は解答の補足です。

1 並《なみ》
2 波《なみ》
3 目次《もくじ》
4 磁気《じき》
5 欠航《けっこう》
6 孝行《こうこう》
7 原因《げんいん》
8 厳禁《げんきん》
9 歴史《れきし》
10 至上《しじょう》

4「磁気《じき》」は、鉄を引きつけるなど、磁石特有の性質。

10「至上《しじょう》」は、この上もないこと。

## 十一 漢字

各2点 計40点

グレーの部分は解答の補足です。

1 誠実《せいじつ》
2 姿勢《しせい》
3 養蚕《ようさん》
4 一冊《いっさつ》
5 署名《しょめい》
6 蒸発《じょうはつ》
7 盛《も》り
8 垂《た》れ
9 窓《まど》
10 捨《す》てる
11 宗教《しゅうきょう》
12 胃腸《いちょう》
13 従《したが》える
14 干《ほ》す
15 郷里《きょうり》
16 机《つくえ》
17 異《こと》なる
18 写《うつ》す
19 視界《しかい》
20 源《みなもと》

3「養蚕《ようさん》」は、まゆをとるために蚕を飼うこと。

5「署名《しょめい》」は、自分の名を書き記すこと。

6「蒸発《じょうはつ》」は、液体が気体になること。

15「郷里《きょうり》」は、生まれ育った土地。

19「視界《しかい》」は、目で見わたせるはんい。

20「源《みなもと》清《きよ》ければ流《なが》れ清《きよ》し」は、清らかな水がわき出す水源をもつ川は、流れも自然に清らかになるように、上に立つ者が正しい行いをすれば、下の者も正しい行いをするようになる、というたとえ。

# 5級 本試験型テスト 第5回 解答・解説

問題は本冊P84〜89

## 一 読み

各1点 計20点

グレーの部分は解答の補足です。

1 さいすん
2 じしゃく
3 きざまれる
4 こまらせて
5 しきゅう
6 たいさく
7 のぞいて
8 しゅしょう
9 きず
10 たんにん
11 ひきょう
12 かけいず
13 あな
14 あずかって
15 すませる
16 むね
17 わけ
18 ゆうびん
19 へいこう
20 かいこ

1「採寸《さいすん》」は、洋裁で、衣服を作る際に必要な体の各部分の寸法を測ること。

5「至急《しきゅう》」は、大急ぎ。大変急ぐこと。

12「家系図《かけいず》」は、先祖から続く一族の系統を書き記した表。

16「胸《むね》がはずむ」は、喜ばしいことが起き、心がうきうきとすること。

19「閉口《へいこう》」は、どうすることもできず、ひどく困ること。言い負かされるなどして言葉につまること。

## 二 部首と部首名

各1点 計10点

部首と部首名は解答の補足です。

1 き 心
2 ケ こころ
3 こ 寸
4 イ すん
5 お 子
6 ウ こ
7 う 月
8 ク にくづき
9 け 疋
10 キ ひき

## 三 画数

各1点 計10点

1 8
2 11
3 4
4 9
5 13
6 19
7 11
8 15
9 9
10 13

## 四 漢字と送りがな

各2点 計10点

1 縮《ちぢ》れる
2 務《つと》まる
3 激《はげ》しく
4 敬《うやま》う
5 収《おさ》める

## 五 音と訓

各2点 計20点

1 ウ 筋道《すじみち》
2 イ 団子《ダンご》
3 ウ 窓辺《まどべ》
4 ア 処置《ショチ》
5 ア 洗顔《センガン》
6 エ 片面《かたメン》
7 ア 異存《イゾン》
8 エ 布製《ぬのセイ》
9 ア 源泉《ゲンセン》
10 ウ 並木《なみき》

## 六 四字の熟語

各2点 計20点

グレーの部分は解答の補足です。

1 推理小説《すいりしょうせつ》
2 無理難題《むりなんだい》
3 時間厳守《じかんげんしゅ》
4 補欠選挙《ほけつせんきょ》
5 法律改正《ほうりつかいせい》
6 一日一善《いちにちいちぜん》
7 専売特許《せんばいとっきょ》
8 針小棒大《しんしょうぼうだい》
9 聖人君子《せいじんくんし》
10 水中探査《すいちゅうたんさ》

1 事件のなぞを推理する内容の小説。
2 実現できないような無理な要求。
3 決められた時間をきびしく守ること。
4 議員の欠員などを補うために行う選挙。
5 法律の不適切な部分などを改めること。
6 一日に一つよい行いをし、それを積み重ねようという呼びかけ。
7 その人が得意とすること。おはこ。
8 針くらい小さいことを、棒のように大きいことのように言うこと。
9 知識・人格ともすぐれた立派な人物。
10 水中の物事について、さぐり調べること。

## 七 対義語・類義語

各2点／計20点

グレーの部分は問題の熟語・解答の補足です。

1 前《ぜん》進《しん》―後《こう》退《たい》
2 中《ちゅう》腹《ふく》―山《さん》頂《ちょう》
3 率《そっ》先《せん》―追《つい》従《じゅう》
4 通《つう》常《じょう》―臨《りん》時《じ》
5 青《あお》葉《ば》―紅《こう》葉《よう》
6 上《じょう》品《ひん》―高《こう》貴《き》
7 黒《くろ》潮《しお》―暖《だん》流《りゅう》
8 内《ない》聞《ぶん》―秘《ひ》密《みつ》
9 簡《かん》易《い》―単《たん》純《じゅん》
10 真《ま》心《ごころ》―誠《せい》意《い》

7「黒潮《くろしお》」は、日本近海を流れる海流。「暖流《だんりゅう》」は、まわりの海水より暖かい海流。

8「内聞《ないぶん》」は、表ざたにせず、うちうちに聞くこと。

## 八 熟語作り

各2点／計10点

1 ケ ア 操《そう》作《さ》
2 カ エ 大《たい》衆《しゅう》
3 イ コ 点《てん》呼《こ》
4 キ ウ 発《はっ》揮《き》
5 ク オ 乱《らん》雑《ざつ》

## 九 熟語の構成

各2点／計20点

1 ウ
2 ウ
3 エ
4 イ
5 ア
6 イ
7 ア
8 ウ
9 エ
10 ウ

翌週《よくしゅう》 翌(その次の)↓週
視力《しりょく》 視(見る目の)↓力(能力)
開幕《かいまく》 開(ける)↑幕(が)
背後《はいご》 どちらも「うしろがわ」の意。
朝晩《あさばん》 朝⇔晩
改革《かいかく》 どちらも「あらためる」意。
干満《かんまん》 干(潮)⇔満(潮)「潮の満ち引き」
諸島《しょとう》 諸(多くの)↓島
納税《のうぜい》 納(める)↑税(を)
樹海《じゅかい》 樹(木がしげって)↓海(のように見えるところ)

## 十 同じ読みの漢字

各2点／計20点

グレーの部分は解答の補足です。

1 供《とも》
2 友《とも》
3 危《き》機《き》
4 食《しょっ》器《き》
5 故《こ》障《しょう》
6 自《じ》己《こ》
7 相《そう》談《だん》
8 階《かい》段《だん》
9 高《こう》層《そう》
10 演《えん》奏《そう》

5「故障《こしょう》」は、体や機械の一部に異常が起こり、働きが損《そこ》なわれること。

6「自己《じこ》」は、自分自身。

## 十一 漢字

各2点／計40点

グレーの部分は解答の補足です。

1 吸《す》い
2 新《しん》装《そう》
3 針《しん》葉《よう》樹《じゅ》
4 優《ゆう》勝《しょう》
5 幼《おさな》さ
6 卵《たまご》
7 宝《たから》
8 家《や》賃《ちん》
9 砂《さ》糖《とう》
10 俵《たわら》
11 日《ひ》延《の》べ
12 巻《ま》く
13 穀《こく》物《もつ》
14 臓《ぞう》器《き》
15 私《わたし》
16 裁《さい》判《ばん》
17 縦《たて》
18 宣《せん》戦《せん》
19 尊《そん》大《だい》
20 降《ふ》って

2「新装《しんそう》」は、設備を新しくしたり、きれいによそおったりすること。また、そのよそおい。

3「針葉樹《しんようじゅ》」は、スギなどのように細長い葉をもつ樹木のこと。

11「日延《ひの》べ」は、予定の期日を先送りにすること。また、期間を長くすること。延期。

18「宣戦布告《せんせんふこく》」は、ある国が別の国に対して戦争を行うことを宣言すること。

20「雨降《あめふ》って地固《じかた》まる」は、もめごとの後は、かえってよい結果になることのたとえ。

問題は本冊P90～95

## 一 読み

各1点 計20点

グレーの部分は解答の補足です。

1 いし
2 われ
3 かくちょう
4 はらまき
5 たんじょう
6 じそんしん
7 ひけつ
8 れいはい
9 はい
10 みだれる
11 つくえ
12 そなえる
13 うたがわない
14 こうふん
15 とじた
16 へいか
17 ほきゅう
18 かため
19 ほした
20 うら

1「遺志《いし》」は、死んだ人が生きているときにいだいていた望み。

3「拡張《かくちょう》」は、広げて大きくすること。

6「自尊心《じそんしん》」は、自分の人間性を大切にする気持ち。自分に自信をもっている態度。プライド。

7「否決《ひけつ》」は、会議に出された案を認めないと決めること。

8「礼拝《れいはい》」は、神仏などをおがむこと。

12「供《そな》える」は、神や仏に差し上げる。

## 二 部首と部首名

各1点 計10点

部首と部首名は解答の補足です。

1 き し
2 ウ おつ
3 く 巾
4 オ はば
5 う 灬
6 ク れんが れっか
7 え 卩
8 キ わりふ ふしづくり
9 い 心
10 ケ こころ

## 三 画数

各1点 計10点

1 8
2 12
3 11
4 18
5 2
6 15
7 3
8 6
9 13
10 17

## 四 漢字と送りがな

各2点 計10点

1 済《す》ませる
2 誤《あやま》る
3 捨《す》てる
4 痛《いた》める
5 至《いた》る

## 五 音と訓

各2点 計20点

1 ア 誌面《シメン》
2 ウ 古傷《ふるきず》
3 エ 株式《かぶシキ》
4 ア 処置《ショチ》
5 イ 現場《ゲンば》
6 ウ 若葉《わかば》
7 イ 晩飯《バンめし》
8 ウ 首筋《くびすじ》
9 ア 班員《ハンイン》
10 ア 庁舎《チョウシャ》

## 六 四字の熟語

各2点 計20点

グレーの部分は解答の補足です。

1 自《じ》己《こ》中《ちゅう》心《しん》
2 人《じん》工《こう》呼《こ》吸《きゅう》
3 宇《う》宙《ちゅう》遊《ゆう》泳《えい》
4 地《ち》方《ほう》分《ぶん》権《けん》
5 直《ちょく》射《しゃ》日《にっ》光《こう》
6 郷《きょう》土《ど》芸《げい》能《のう》
7 公《こう》平《へい》無《む》私《し》
8 役《やく》割《わり》分《ぶん》担《たん》
9 地《ち》下《か》資《し》源《げん》
10 危《き》急《きゅう》存《そん》亡《ぼう》

自分をいちばんに考えること。

応急手当に欠かせない救急医療《りょう》の一つ。

宇宙で宇宙飛行士が宇宙船外で行動すること。

政治を行うための権力を地方に分散させること。

じかに照らす太陽の光。

その地方の感じがよく出ているおどりや音楽など。

平等で自分勝手なことをしないこと。

役目や仕事を分けて受け持つこと。

地下にある天然資源。

危険がせまり、生きるか死ぬかのせとぎわ。

## 七 対義語・類義語

各2点／計20点

グレーの部分は問題の熟語・解答の補足です。

1 延長《えんちょう》―短縮《たんしゅく》
2 未熟《みじゅく》―熟練《じゅくれん》
3 定刻《ていこく》―臨時《りんじ》
4 外出《がいしゅつ》―在宅《ざいたく》
5 無視《むし》―尊重《そんちょう》
6 方策《ほうさく》―手段《しゅだん》
7 努力《どりょく》―勤勉《きんべん》
8 未来《みらい》―将来《しょうらい》
9 広告《こうこく》―宣伝《せんでん》
10 進歩《しんぽ》―発展《はってん》

3「定刻《ていこく》」は、決められた時刻。

5「尊重《そんちょう》」は、価値をみとめて、大切にすること。

6「方策《ほうさく》」は、はかりごと。手段や方法のこと。

## 八 熟語作り

各2点　計10点

1 ク カ 紅葉《こうよう》
2 オ イ 障害《しょうがい》
3 ア コ 諸島《しょとう》
4 キ エ 首脳《しゅのう》
5 ウ ケ 同盟《どうめい》

## 九 熟語の構成

各2点　計20点

1 イ
2 ウ
3 エ
4 ア
5 イ
6 ウ
7 ア
8 エ
9 イ
10 ウ

除去《じょきょ》　どちらも「とりのぞく」意。
回覧《かいらん》　回(順にまわして)↓覧(見る)。
納金《のうきん》　納(める)↑金(を)
善悪《ぜんあく》　善⇔悪
徒党《ととう》　どちらも「同じことをする仲間」の意。
車窓《しゃそう》　列車・車(の)↓窓
寒暖《かんだん》　寒(い)⇔暖(かい)
洗顔《せんがん》　洗(う)↑顔(を)
服従《ふくじゅう》　どちらも「したがう」意。
強敵《きょうてき》　強(い)↓敵

## 十 同じ読みの漢字

各2点／計20点

グレーの部分は解答の補足です。

1 言《こと》
2 異《こと》なる
3 終業式《しゅうぎょうしき》
4 収支《しゅうし》
5 糖分《とうぶん》
6 均等《きんとう》
7 報道《ほうどう》
8 秘宝《ひほう》
9 皇族《こうぞく》
10 学校《がっこう》

4「収支《しゅうし》」は、収入と支出。

8「秘宝《ひほう》」は、めったに人に見せない宝もののこと。

9「皇族《こうぞく》」は、天皇を除く天皇家の一族。

## 十一 漢字

各2点　計40点

グレーの部分は解答の補足です。

1 運賃《うんちん》
2 潮《しお》
3 退《しりぞ》けた
4 届《とど》かない
5 頂《いただ》いた
6 誠意《せいい》
7 専用《せんよう》
8 熟《じゅく》
9 尺度《しゃくど》
10 訳《わけ》
11 困難《こんなん》
12 車座《くるまざ》
13 砂場《すなば》
14 動詞《どうし》
15 水蒸気《すいじょうき》
16 盛《も》り
17 段差《だんさ》
18 巣穴《すあな》
19 認《みと》め
20 呼《よ》ぶ

2「潮《しお》」は、海水。海流。

5「頂《いただ》く」は、頭にのせる。

6「誠意《せいい》」は、まごころ。

9「尺度《しゃくど》」は、物事を評価・判断するための規準。「尺」は、長さの単位。

12「車座《くるまざ》」は、多くの人たちが輪になり、内側を向いて座ること。

20「類《るい》は友《とも》を呼《よ》ぶ」は、考えや好みが似かよった者や、気の合う者どうしは、自然と集まるものである。

問題は本冊P96~101

## 一 読み

各1点 計20点

グレーの部分は解答の補足です。

1 ぎゅうにゅう
2 むずかしい
3 まいすう
4 しょくよく
5 かんけつ
6 すう
7 あぶない
8 こういき
9 うつし
10 かんばん
11 わりびきけん
12 すあな
13 なみ
14 きんこつ
15 けいざい
16 みっしゅう
17 しめる
18 たずねる
19 もしゃ
20 した

5「簡潔《かんけつ》」は、短くよくまとまっている様子。

8「広域《こういき》」は、広い区域。

14「筋骨《きんこつ》」は、筋肉と骨格。体つき。体格。

16「密集《みっしゅう》」は、すき間もないほどぎっしりと集まっている様子。

19「模写《もしゃ》」は、芸術作品や手本などを、そのまままねて写し取ること。また、その写し取ったもの。

## 二 部首と部首名

各1点 計10点

部首と部首名は解答の補足です。

1 か 水　2 オ みず
3 く 大　4 エ だい
5 え 尢　6 ウ だいのまげあし
7 う 女　8 ク おんな
9 き 寸　10 キ すん

## 三 画数

各1点 計10点

1 7
2 11
3 11
4 15
5 12
6 19
7 7
8 12
9 6
10 10

## 四 漢字と送りがな

各2点 計10点

1 認《みと》める
2 幼《おさな》い
3 異《こと》なる
4 激《はげ》しい
5 降《お》ろす

## 五 音と訓

各2点 計20点

1 ア 穀《コク》物《モツ》
2 ウ 出《で》窓《まど》
3 ア 骨《コツ》肉《ニク》
4 エ 片《かた》面《メン》
5 ウ 宝《たから》船《ぶね》
6 イ 幕《マク》下《した》
7 ア 胃《イ》腸《チョウ》
8 エ 兄《あに》貴《キ》
9 ウ 灰《はい》皿《ざら》
10 ア 遺《イ》族《ゾク》

## 六 四字の熟語

各2点 計20点

グレーの部分は解答の補足です。

1 大《たい》器《き》晩《ばん》成《せい》
2 署《しょ》名《めい》運《うん》動《どう》
3 切《きっ》手《て》収《しゅう》集《しゅう》
4 賛《さん》否《ぴ》両《りょう》論《ろん》
5 質《しつ》疑《ぎ》応《おう》答《とう》
6 専《せん》業《ぎょう》主《しゅ》婦《ふ》
7 非《ひ》常《じょう》階《かい》段《だん》
8 天《てん》地《ち》創《そう》造《ぞう》
9 自《じ》由《ゆう》自《じ》在《ざい》
10 児《じ》童《どう》憲《けん》章《しょう》

1 才能のある人は、年をとってから立派になるということ。
2 個人や団体が社会問題などの意見や主張について多数の者から署名を集めること。
3 切手を集めること。
4 賛成と反対の両方の意見。
5 質問とそれに対する答え。
6 職業につかず、家事に専念する女性。
7 火事や地しんなどの非常時のひなんに使う階段。
8 宇宙・万物を神がいかに創ったかをものがたる神話。
9 自分の思いのままにする、思いのままにできるさま。
10 すべての児童の幸福を守るためのきまり。

## 七 対義語・類義語

各2点／計20点

グレーの部分は問題の熟語・解答の補足です。

1 遠《えん》洋《よう》―沿《えん》海《かい》
2 死《し》亡《ぼう》―誕《たん》生《じょう》
3 義《ぎ》務《む》―権《けん》利《り》
4 寒《かん》冷《れい》―温《おん》暖《だん》
5 河《か》口《こう》―水《すい》源《げん》
6 役《やく》者《しゃ》―俳《はい》優《ゆう》
7 帰《き》順《じゅん》―降《こう》参《さん》
8 感《かん》心《しん》―敬《けい》服《ふく》
9 明《めい》細《さい》―内《うち》訳《わけ》
10 営《えい》業《ぎょう》―操《そう》業《ぎょう》

5「河《か》口《こう》」は、川が海や湖に流れこむところ。

10「操《そう》業《ぎょう》」は、機械などを動かして作業をすること。

## 八 熟語作り

各2点 計10点

1 ク ア 探《たん》査《さ》
2 イ オ 分《ぶん》担《たん》
3 エ カ 欲《よく》望《ぼう》
4 コ ウ 調《ちょう》律《りつ》
5 ケ キ 閉《へい》口《こう》

## 九 熟語の構成

各2点 計20点

1 ウ
2 ア
3 エ
4 イ
5 ウ
6 イ
7 ウ
8 ア
9 エ
10 イ

潮《ちょう》流《りゅう》 潮(の)↓流(れ)
難《なん》易《い》 難(しい)↕易(しい)
拝《はい》顔《がん》 拝(む)↑顔(を)「お目にかかる」意。
納《のう》入《にゅう》 どちらも「入れる」意。
恩《おん》師《し》 恩(のある)↓師(先生のこと)
樹《じゅ》木《もく》 どちらも「木」の意。
善《ぜん》行《こう》 善(い)↓行(い)
表《おもて》裏《うら》 表↕裏 「ひょうり」とも読む。
立《りっ》腹《ぷく》 立(てる)↑腹(を)
存《そん》在《ざい》 どちらも「ある」意。

## 十 同じ読みの漢字

各2点／計20点

グレーの部分は解答の補足です。

1 勤《つと》める
2 務《つと》める
3 実《じっ》権《けん》
4 試《し》験《けん》
5 氏《し》名《めい》
6 視《し》力《りょく》
7 完《かん》成《せい》
8 聖《せい》火《か》
9 幼《よう》児《じ》
10 太《たい》陽《よう》

3「実《じっ》権《けん》」は、真の権力。

10「黒《こく》点《てん》」は、太陽の表面にある、他よりも温度が低いため黒く見える点のこと。

## 十一 漢字

各2点 計40点

グレーの部分は解答の補足です。

1 金《きん》銭《せん》
2 宅《たく》配《はい》
3 忠《ちゅう》実《じつ》
4 裁《さば》き
5 至《いた》る
6 縮《ちぢ》まる
7 従《したが》った
8 射《い》る
9 深《しん》刻《こく》
10 厳《げん》格《かく》

11 呼《よ》ばれる
12 砂《すな》
13 誤《ご》解《かい》
14 胸《むね》
15 郷《きょう》里《り》
16 宇《う》宙《ちゅう》
17 全《ぜん》巻《かん》
18 劇《げき》団《だん》
19 染《そ》まる
20 針《はり》

2「宅《たく》配《はい》」は、荷物や新聞などを、それぞれの家に配達すること。

3「忠《ちゅう》実《じつ》」は、苦労のあることもいやがらず、まごころをこめてよくつとめること。また、そのさま。

10「厳《げん》格《かく》」は、不正や失策を許さず、道徳などにも非常に厳しいこと。また、そのさま。

15「郷《きょう》里《り》」は、ふるさとのこと。

20「真《ま》綿《わた》に針《はり》を包《つつ》む」は、うわべは親切そうだが心中に悪意をもっていることのたとえ。

問題は本冊P102〜107

## 一 読み

各1点 計20点

グレーの部分は解答の補足です。

1 せいざ
2 きぞく
3 こきょう
4 ふるい
5 いとめた
6 たまご
7 しまった
8 そって
9 かいかく
10 わすれた
11 ぜっちょう
12 じんじゅつ
13 かぶ
14 しょうち
15 おさめる
16 たて
17 じゅくれん
18 たいしゅう
19 がっそう
20 くれ

5「射《い》止《と》める」は、弓矢や鉄砲《ぽう》などでうまく射あててとらえる。貴重なものをうまく自分のものにする。

9「改《かい》革《かく》」は、改めてよりよいものに変えること。

11「絶《ぜっ》頂《ちょう》」は、山の頂上。また、物事の最高のところ。

12「医《い》は仁《じん》術《じゅつ》」は、医術は単なる技術ではなく、人を治すことによって仁徳をほどこす術であるという意。

17「熟《じゅく》練《れん》」は、高度な経験や技能。

18「大《たい》衆《しゅう》」は、多くの人。とくに労働者などのこと。

19「合《がっ》奏《そう》」は、二つ以上の楽器で演奏すること。

## 二 部首と部首名

各1点 計10点

部首と部首名は解答の補足です。

1 き 口
2 エ くち
3 え 月
4 カ にくづき
5 こ 門
6 オ もんがまえ
7 け 欠
8 ウ あくび かける
9 い ⺮
10 コ たけかんむり

## 三 画数

各1点 計10点

1 5
2 16
3 9
4 12
5 9
6 16
7 8
8 12
9 4
10 15

## 四 漢字と送りがな

各2点 計10点

1 洗《あら》われる
2 垂《た》れる
3 厳《きび》しい
4 延《の》びる
5 尊《とうと》い 貴い

## 五 音と訓

各2点 計20点

1 ア 担《タン》当《トウ》
2 エ 石《いし》段《ダン》
3 ア 模《モ》様《ヨウ》
4 ウ 売《うり》値《ね》
5 ア 度《ド》胸《キョウ》
6 ウ 毛《け》並《なみ》
7 エ 片《かた》方《ホウ》
8 ウ 針《はり》金《がね》
9 イ 本《ホン》音《ね》
10 ア 存《ソン》亡《ボウ》

## 六 四字の熟語

各2点 計20点

グレーの部分は解答の補足です。

1 同《どう》工《こう》異《い》曲《きょく》
2 開《かい》会《かい》宣《せん》言《げん》
3 面《めん》従《じゅう》腹《ふく》背《はい》
4 高《こう》層《そう》建《けん》築《ちく》
5 国《こく》際《さい》連《れん》盟《めい》
6 温《おん》泉《せん》旅《りょ》行《こう》
7 推《すい》理《り》小《しょう》説《せつ》
8 宇《う》宙《ちゅう》空《くう》間《かん》
9 女《じょ》王《おう》陛《へい》下《か》
10 地《ち》域《いき》社《しゃ》会《かい》

見かけは違《ちが》っているようだが、内容はほとんど同じであること。

大会の最初に開会を表明すること。

うわべでは従順なように見せかけて、内心では従わないこと。

階を重ねた高い建物。

国際平和を保つために設立された国際機関。

温泉地に旅行すること。

事件のなぞを推理する内容の小説。

地球大気圏《けん》外のはてしなく広い空間。

女性の王様のこと。

ある一定の地域に住み、共通の社会的特徴《ちょう》をもつ人々からなる集団。

## 七 対義語・類義語

各2点／計20点

グレーの部分は問題の熟語・解答の補足です。

1 容易《ようい》—困難《こんなん》
2 進化《しんか》—退化《たいか》
3 整然《せいぜん》—乱雑《らんざつ》
4 借用《しゃくよう》—返済《へんさい》
5 快楽《かいらく》—苦痛《くつう》
6 用意《ようい》—準備《じゅんび》
7 消息《しょうそく》—安否《あんぴ》
8 民意《みんい》—世論《せろん》
9 均等《きんとう》—一律《いちりつ》
10 作家《さっか》—著者《ちょしゃ》

1「容易《ようい》」は、たやすいこと。
8「民意《みんい》」は、国民の意思。
9「一律《いちりつ》」は、調子が一定で変化がないこと。

## 八 熟語作り

各2点 計10点

1 ウ カ 臨月《りんげつ》
2 ク ア 相棒《あいぼう》
3 イ ケ 展覧《てんらん》
4 キ オ 優等《ゆうとう》
5 コ エ 採寸《さいすん》

## 九 熟語の構成

各2点 計20点

1 ウ
2 エ
3 ア
4 イ
5 ウ
6 エ
7 ア
8 ウ
9 エ
10 ア

専用《せんよう》 専(特定の人だけが)↓用(いる)
就任《しゅうにん》 就(つく)↑任(務に)
寒暖《かんだん》 寒(い)⇕暖(かい)
自己《じこ》 どちらも「自分」の意。
窓辺《まどべ》 窓(の)↓辺(り)
除草《じょそう》 除(く)↑草(を)
主従《しゅじゅう》 主(君)⇕従(者)
疑念《ぎねん》 疑(う)↓念(気持ち)
負傷《ふしょう》 負(う)↑傷(を)
乗降《じょうこう》 乗(る)⇕降(りる)

## 十 同じ読みの漢字

各2点／計20点

グレーの部分は解答の補足です。

1 謝《あやま》る
2 誤《あやま》る
3 対策《たいさく》
4 昨年《さくねん》
5 送信《そうしん》
6 包装《ほうそう》
7 私財《しざい》
8 資料《しりょう》
9 校門《こうもん》
10 孝行《こうこう》

6「包装《ほうそう》」は、物を包むこと。そのうわづつみ。
7「私財《しざい》」は、個人の財産。
10「孝行《こうこう》」は、子どもが親を大切にすること。

## 十一 漢字

各2点 計40点

グレーの部分は解答の補足です。

1 必至《ひっし》
2 無視《むし》
3 障子《しょうじ》
4 預《あず》かって
5 捨《す》てた
6 源《みなもと》
7 降雪《こうせつ》
8 若《わか》い
9 絹《きぬ》
10 権限《けんげん》
11 劇《げき》
12 親密《しんみつ》
13 口紅《くちべに》
14 通勤《つうきん》
15 深呼吸《しんこきゅう》
16 干《ほ》す
17 灰色《はいいろ》
18 拡大《かくだい》
19 巻《ま》く
20 穴《あな》

1「必至《ひっし》」は、その事態になるのはさけられないこと。また、そのさま。
7「降雪《こうせつ》」は、雪が降ること。また、降り積もった雪。
10「権限《けんげん》」は、ある立場にあって、あたえられている権利・権力。また、その範《はん》囲。
12「親密《しんみつ》」は、仲のよいこと。また、そのさま。
20「穴《あな》があったら入《はい》りたい」は、はずかしくて身をかくしてしまいたい。

問題は本冊P108〜113

## 一 読み

各1点 計20点

グレーの部分は解答の補足です。

1 うら
2 やくちゅう
3 かみつ
4 ぼう
5 いちょう
6 はら
7 ほね
8 ざっし
9 すがた
10 はいく
11 つくえ
12 ようぎしゃ
13 すって
14 きがい
15 ちすじ
16 ならんだ
17 もけい
18 まど
19 せんにん
20 ふり

2「訳注《やくちゅう》」は、外国語を訳した人がつけた注釈《しゃく》。

3「過密《かみつ》」は、人口などがある地域に集中していること。予定などがつまりすぎていること。

10「俳句《はいく》」は、五・七・五の十七音であらわす短い詩。

14「危害《きがい》」は、生命や身体などを傷つけるような危険なこと。

19「専任《せんにん》」は、ある一つの任務だけを受け持つこと。

## 二 部首と部首名

各1点 計10点

部首と部首名は解答の補足です。

1 く 言
2 キ ごんべん
3 こ 大
4 カ だい
5 う 扌
6 ク てへん
7 け 木
8 エ き
9 え 臣
10 ケ しん

## 三 画数

各1点 計10点

1 8
2 13
3 5
4 5
5 3
6 8
7 9
8 12
9 3
10 8

## 四 漢字と送りがな

各2点 計10点

1 補《おぎな》う
2 届《とど》ける
3 裁《さば》く
4 縮《ちぢ》まる
5 刻《きざ》む

## 五 音と訓

各2点 計20点

1 ア 取捨《シュシャ》
2 ウ 節穴《ふしあな》
3 エ 株価《かぶカ》
4 イ 重箱《ジュウばこ》
5 ア 樹液《ジュエキ》
6 ウ 紅色《べにいろ》
7 ア 尺八《シャクハチ》
8 ア 優先《ユウセン》
9 エ 野宿《のジュク》
10 ウ 縦笛《たてぶえ》

## 六 四字の熟語

各2点 計20点

グレーの部分は解答の補足です。

1 難行苦行《なんぎょうくぎょう》
2 共存共栄《きょうぞんきょうえい》
3 加減乗除《かげんじょうじょ》
4 技術革新《ぎじゅつかくしん》
5 穀倉地帯《こくそうちたい》
6 一心不乱《いっしんふらん》
7 博覧強記《はくらんきょうき》
8 下層階級《かそうかいきゅう》
9 閉館時間《へいかんじかん》
10 郵便番号《ゆうびんばんごう》

1 大変な苦労をすること。
2 ともに助け合い、ともに栄えること。共存は「きょうそん」とも読む。
3 加法(たす)と減法(ひく)と乗法(かける)と除法(わる)。四則演算。
4 生産技術を大きく改めて新しくすること。
5 穀物がたくさんとれる地域。
6 わき目もふらず一つのことに集中している様子。
7 広く書物を読み、多くのことをよく覚えていること。
8 財産が少なく、社会的地位も低い人々の集団。また、その階層に属する人々。
9 図書館など、館のつく施設がその日の業務を停止する時間。
10 郵便物を届けるための番号。

## 七 対義語・類義語

各2点／計20点

グレーの部分は問題の熟語・解答の補足です。

1 退《たい》職《しょく》―就《しゅう》職《しょく》
2 好《こう》意《い》―敵《てき》意《い》
3 制《せい》服《ふく》―私《し》服《ふく》
4 前《ぜん》提《てい》―結《けつ》論《ろん》
5 地《じ》味《み》―派《は》手《で》
6 実《じっ》直《ちょく》―勤《きん》勉《べん》
7 不《ふ》服《ふく》―異《い》議《ぎ》
8 運《うん》転《てん》―操《そう》作《さ》
9 始《し》末《まつ》―処《しょ》理《り》
10 感《かん》動《どう》―感《かん》激《げき》

4「前提《ぜんてい》」は、ある物事が成り立つための、元になる条件。
9「始末《しまつ》」は物事を片づけること。「処理《しょり》」は、物事をさばいて始末すること。

## 八 熟語作り

各2点 計10点

1 コ ク 晩《ばん》成《せい》
2 イ ケ 秘《ひ》伝《でん》
3 エ ア 仁《じん》愛《あい》
4 カ オ 決《けっ》済《さい》
5 キ ウ 孝《こう》行《こう》

## 九 熟語の構成

各2点 計20点

1 ウ
2 イ
3 ア
4 エ
5 ウ
6 ウ
7 ア
8 イ
9 イ
10 ウ

誤解《ごかい》 誤(った)↓解(理解)
簡易《かんい》 どちらも「簡単」の意。
安危《あんき》 安(安全)⇔危(危険)
看病《かんびょう》 看(みまもる)↑病(人を)
常備《じょうび》 常(に)↓備(える)
軽視《けいし》 軽(く)↓視(見る)
拡縮《かくしゅく》 拡(ひろがる)⇔縮(まる)
単純《たんじゅん》 どちらも「まじりけがない」意。
規律《きりつ》 どちらも「規則、おきて」の意。
暖冬《だんとう》 暖(かい)↓冬

## 十 同じ読みの漢字

各2点／計20点

グレーの部分は解答の補足です。

1 映《うつ》す
2 写《うつ》す
3 点《てん》数《すう》
4 展《てん》示《じ》
5 空《くう》想《そう》
6 創《そう》造《ぞう》
7 果《か》糖《とう》
8 当《とう》分《ぶん》
9 講《こう》座《ざ》
10 成《せい》功《こう》

1「映《うつ》す」は、ものの姿や影《かげ》を水面などに投影《えい》すること。
2「写《うつ》す」は、ものの形や姿をそのまま、または似せて表すこと。

## 十一 漢字

各2点 計40点

グレーの部分は解答の補足です。

1 痛《つう》切《せつ》
2 批《ひ》判《はん》
3 納《おさ》める
4 尊《そん》重《ちょう》
5 分《ぶん》担《たん》
6 値《ね》引《び》き
7 洗《あら》う
8 若《わか》く
9 宗《しゅう》派《は》
10 射《い》る

11 障《しょう》害《がい》物《ぶつ》
12 蒸《じょう》気《き》
13 盛《も》り
14 忘《わす》れて
15 提《てい》供《きょう》
16 敬《けい》老《ろう》
17 米《こめ》俵《だわら》
18 沿《えん》岸《がん》
19 役《やく》割《わり》
20 砂《すな》

1「痛切《つうせつ》」は、つらい気持ちを身にしみて強く感じるさま。
2「批判《ひはん》」は、物事のよしあしについて検討し、判断・評価すること。
9「宗派《しゅうは》」は、同じ宗教の中での分派(分かれ出たもの)。
12「蒸気《じょうき》」は、液体が蒸発することでできる気体。とくに水蒸気のこと。
18「沿岸《えんがん》」は、海、湖、川などにそった土地や陸地に近い部分。

問題は本冊P114～119

## 一 読み

各1点 計20点

グレーの部分は解答の補足です。

1 われ
2 かんちょう
3 あぶない
4 しりぞける
5 きぬ
6 ぼうふういき
7 こうき
8 うやまう
9 ひげき
10 さとう
11 なんみん
12 しせん
13 おさめる
14 はっしゃ
15 たまご
16 ちぢむ
17 たて
18 きずついた
19 ないそう
20 てき

2「干潮《かんちょう》」は、海水がひいて、水面が最も低くなること。

3「危《あぶ》ない橋《はし》をわたる」は、危険な手段をとる。

7「高貴《こうき》」は、身分などが高くとうといこと。気品のあるさま。

16「身《み》が縮《ちぢ》む思《おも》い」は、おそろしさや心が張りつめた中で、体が小さくなったように感じること。

19「内装《ないそう》」は、建物などの内部にある設備やかざり。またそれらを配置する工事。

## 二 部首と部首名

各1点 計10点

部首と部首名は解答の補足です。

1 お 虫
2 イ むし
3 け 女
4 エ おんな
5 か 艹
6 キ くさかんむり
7 う 扌
8 ク てへん
9 え 心
10 オ こころ

## 三 画数

各1点 計10点

1 3
2 9
3 9
4 14
5 5
6 12
7 4
8 6
9 7
10 10

## 四 漢字と送りがな

各2点 計10点

1 垂《た》れる
2 従《したが》える
3 預《あず》かり
4 厳《きび》しい
5 裁《さば》かれる

## 五 音と訓

各2点 計20点

1 ア 簡便《カンベン》
2 ア 除夜《ジョヤ》
3 エ 古本《ふるホン》
4 ウ 宝箱《たからばこ》
5 エ 相棒《あいボウ》
6 ウ 並木《なみき》
7 イ 曜日《ヨウび》
8 ウ 片時《かたとき》
9 ア 育児《イクジ》
10 ア 冷蔵《レイゾウ》

## 六 四字の熟語

各2点 計20点

グレーの部分は解答の補足です。

1 株主総会《かぶぬしそうかい》
2 三権分立《さんけんぶんりつ》
3 人気絶頂《にんきぜっちょう》
4 私利私欲《しりしよく》
5 一刻千金《いっこくせんきん》
6 適者生存《てきしゃせいぞん》
7 同時通訳《どうじつうやく》
8 独断専行《どくだんせんこう》
9 優先順位《ゆうせんじゅんい》
10 景気対策《けいきたいさく》

1 株主によって構成される、株式会社の重要事項《こう》などを決定する会のこと。
2 立法・行政・司法の三つの権利を独立させる政治のしくみ。
3 最も人気がある状態。
4 自分の利益や欲求だけで行動すること。
5 時間が大切なことのたとえ。
6 ある環《かん》境に最も適した生物が生き残るという意味。
7 他者が話す言葉をその場で通訳すること。
8 物事を自分一人の判断で勝手に進めること。
9 いくつかの事がらのうち、どれを先にすべきかの順位。
10 世の中のお金の動きをよくするための対策。

## 七 対義語・類義語

各2点／計20点

グレーの部分は問題の熟語・解答の補足です。

1 横断《おうだん》—縦断《じゅうだん》
2 支出《ししゅつ》—収入《しゅうにゅう》
3 冷静《れいせい》—興奮《こうふん》
4 許可《きょか》—禁止《きんし》
5 不実《ふじつ》—誠実《せいじつ》
6 方法《ほうほう》—手段《しゅだん》
7 外国《がいこく》—異国《いこく》
8 給料《きゅうりょう》—賃金《ちんぎん》
9 後方《こうほう》—背後《はいご》
10 指図《さしず》—指揮《しき》

2「支出《ししゅつ》」は、ある目的のために自分の金銭や物品を支払《はら》うこと。また、その支払い。

5「不実《ふじつ》」は、不まじめで真心が感じられないこと。

## 八 熟語作り

各2点 計10点

1 ケ イ 価値《かち》
2 エ ク 降誕《こうたん》
3 コ ア 気骨《きこつ》
4 ウ カ 純然《じゅんぜん》
5 オ キ 就業《しゅうぎょう》

## 九 熟語の構成

各2点 計20点

1 ウ
2 エ
3 イ
4 ア
5 ウ
6 エ
7 イ
8 ウ
9 ア
10 ウ

幼虫《ようちゅう》 幼(い)↓虫
延期《えんき》 延(ばす)↑期(日を)
映写《えいしゃ》 どちらも「うつす」意。
開閉《かいへい》 開(く)⇔閉(まる)
納会《のうかい》 納(終わりの)↓会
帰郷《ききょう》 帰(る)↑郷(ふるさとに)
温暖《おんだん》 どちらも「あたたかい」意。
合奏《がっそう》 合(わせて)↓奏(かなでる)
興亡《こうぼう》 興(おこる)⇔亡(ほろびる)
熟知《じゅくち》 熟(十分に)↓知(っている)

## 十 同じ読みの漢字

各2点／計20点

グレーの部分は解答の補足です。

1 備《そな》えて
2 供《そな》える
3 死亡《しぼう》
4 希望《きぼう》
5 固有《こゆう》
6 自己《じこ》
7 二等辺《にとうへん》
8 政党《せいとう》
9 拡張《かくちょう》
10 格式《かくしき》

9「拡張《かくちょう》」は、広げて大きくすること。

10「格式《かくしき》」は、身分や家柄《がら》などに基《もと》づく決まりや作法のこと。

## 十一 漢字

各2点 計40点

グレーの部分は解答の補足です。

1 検討《けんとう》
2 著名《ちょめい》
3 今晩《こんばん》
4 針《はり》
5 染《そ》まった
6 呼《よ》んで
7 救済《きゅうさい》
8 疑《うたが》う
9 窓辺《まどべ》
10 灰皿《はいざら》

11 胸《むね》
12 定期券《ていきけん》
13 幕《まく》
14 難航《なんこう》
15 否定《ひてい》
16 秘密《ひみつ》
17 一覧《いちらん》
18 裏《うら》
19 乳《ちち》
20 巻《ま》かれろ

1「検討《けんとう》」は、物事をよく調べて考えること。

2「著名《ちょめい》」は、世間に名がよく知られていること。

7「救済《きゅうさい》」は、困っている人を、救い助けること。

14「難航《なんこう》」は、強風や高波などのために、船の航行が困難になること。じゃまになるものが多く、物事がはかどらないこと。

15「否定《ひてい》」は、そうではない、と打ち消すこと。

問題は本冊P120〜125

## 一 読み

グレーの部分は解答の補足です。

各1点 計20点

1 ならべ
2 くろまく
3 ひしょ
4 つうがくはん
5 いたい
6 しお
7 ちち
8 のべ
9 ふんせん
10 いただき

11 わけ
12 よくじつ
13 よきん
14 そうした
15 しんせい
16 しゅうこう
17 げんじゅう
18 かんたん
19 とじて
20 すて

2「黒幕《くろまく》」は、自分は表に出ず、かげで人に指図をしたり、はかりごとをめぐらしたりする者。
8「延《の》べ」は、同じ物や人が重なっていてもそれぞれを一つとして数え、合計したもの。
9「奮戦《ふんせん》」は、力いっぱい戦うこと。
16「就航《しゅうこう》」は、船や飛行機などが、その航路で運行されていること。
17「厳重《げんじゅう》」は、非常に厳しいようす。

## 二 部首と部首名

部首と部首名は解答の補足です。

各1点 計10点

1 き 阝 2 イ こざとへん
3 え 寸 4 ケ すん
5 う 扌 6 ク てへん
7 く 几 8 エ つくえ
9 こ 日 10 コ ひへん

## 三 画数

各1点 計10点

1 2
2 6
3 5
4 11
5 8
6 10
7 5
8 8
9 7
10 13

## 四 漢字と送りがな

各2点 計10点

1 幼《おさな》い
2 乱《みだ》れる
3 異《こと》なる
4 割《わ》れる
5 疑《うたが》う

## 五 音と訓

各2点 計20点

1 ア 吸《キュウ》引《イン》
2 エ 豆《まめ》本《ホン》
3 ウ 筋《すじ》金《がね》
4 ア 度《ド》胸《キョウ》
5 ア 模《モ》型《ケイ》
6 エ 係《かかり》員《イン》
7 ア 権《ケン》利《リ》
8 イ 重《ジュウ》箱《ばこ》
9 イ 絵《エ》姿《すがた》
10 ウ 縦《たて》穴《あな》

## 六 四字の熟語

グレーの部分は解答の補足です。

各2点 計20点

1 除《じょ》名《めい》処《しょ》分《ぶん》
2 三《さん》寸《ずん》不《ふ》律《りつ》
3 議《ぎ》論《ろん》百《ひゃく》出《しゅつ》
4 過《か》激《げき》思《し》想《そう》
5 一《いち》枚《まい》看《かん》板《ばん》
6 一《いっ》進《しん》一《いっ》退《たい》
7 巻《かん》頭《とう》記《き》事《じ》
8 勢《せい》力《りょく》拡《かく》大《だい》
9 無《む》理《り》難《なん》題《だい》
10 大《おお》雨《あめ》警《けい》報《ほう》

組織などから名前が除かれるという罰《ばつ》を加えられること。

三寸の長さの短い筆。「不律」は筆のこと。

次々にいろいろな意見が出ること。

自らの主義・主張のためなら過激な行動も辞さない主張のこと。

大勢のなかの中心人物。一座の中心的な役者。

進んだりあともどりすること。

本や雑誌の一番最初の部分に書かれている事がら。

他をおさえつける力が広がり大きくなること。

実現できないような無理な要求。

大雨による大災害が予想される場合に出される警報のこと。

## 七 対義語・類義語

各2点／計20点

グレーの部分は問題の熟語・解答の補足です。

1 可決《かけつ》―否決《ひけつ》
2 安全《あんぜん》―危険《きけん》
3 損失《そんしつ》―収益《しゅうえき》
4 老人《ろうじん》―若者《わかもの》
5 過去《かこ》―将来《しょうらい》
6 無礼《ぶれい》―不敬《ふけい》
7 達者《たっしゃ》―熟練《じゅくれん》
8 支給《しきゅう》―供給《きょうきゅう》
9 寺院《じいん》―仏閣《ぶっかく》
10 正直《しょうじき》―誠実《せいじつ》

1「可決《かけつ》」は、提出議案をよいと認めて決め、「否決《ひけつ》」は、認めないと決めること。

7「達者《たっしゃ》」は、ある道に熟練している人。上手な人。

## 八 熟語作り

各2点 計10点

1 カ オ 単純《たんじゅん》
2 ウ ア 根源《こんげん》
3 ク イ 策略《さくりゃく》
4 キ コ 蒸発《じょうはつ》
5 エ ケ 検討《けんとう》

## 九 熟語の構成

各2点 計20点

1 ウ
2 ア
3 エ
4 イ
5 イ
6 エ
7 ウ
8 エ
9 ウ
10 ウ

政党《せいとう》 政（政治について同じ考えをもつ人々の）↓党（集まり）
朝晩《あさばん》 朝⇔晩
謝恩《しゃおん》 （感）謝（する）↑恩（に）
裁断《さいだん》 どちらも「切る」意。
欲望《よくぼう》 どちらも「ほしがる」意。
臨席《りんせき》 臨（む）↑席（に）
自著《じちょ》 自（自分が書いた）↓著（書物）
射的《しゃてき》 射（る）↑的（を）
運賃《うんちん》 運（ぶ）↓賃（料金）
温泉《おんせん》 温（かい）↓泉（いずみ）

## 十 同じ読みの漢字

各2点／計20点

グレーの部分は解答の補足です。

1 方《かた》
2 片《かた》
3 禁止《きんし》
4 勤続《きんぞく》
5 指揮《しき》
6 季節《きせつ》
7 名優《めいゆう》
8 友人《ゆうじん》
9 階段《かいだん》
10 談話《だんわ》

4「勤続《きんぞく》」は、同じところに長い間勤め続けること。

5「指揮《しき》」は、命令して人を動かすこと。また、演奏を統率《とうそつ》すること。

## 十一 漢字

各2点 計40点

グレーの部分は解答の補足です。

1 宇宙《うちゅう》
2 沿《そ》って
3 株《かぶ》
4 我先《われさき》
5 紅顔《こうがん》
6 誤字《ごじ》
7 太巻《ふとまき》
8 視野《しや》
9 心臓《しんぞう》
10 骨《ほね》
11 創業《そうぎょう》
12 降《お》りた
13 担任《たんにん》
14 探《さが》して
15 一層《いっそう》
16 個展《こてん》
17 届《とど》いた
18 背《せ》
19 改革《かいかく》
20 暮《く》れ

5「紅顔《こうがん》」は、血色がよくつややかな若い男性の顔。

15「一層《いっそう》」は、これまでよりも、いちだんと程度が進むさま。

19「改革《かいかく》」は、改めてよりよいものに変えること。

20「暮《く》れぬ先《さき》の提灯《ちょうちん》」は、明るいうちから提灯《ちょうちん》をつけるように、いらぬことに手回しがよすぎてかえって間がぬけていることのたとえ。

問題は本冊P126〜131

## 一 読み

各1点 計20点

グレーの部分は解答の補足です。

1 ぞんぶん
2 かちかん
3 ばくまつ
4 じぞう
5 つとめて
6 みとめる
7 どひょう
8 たまご
9 うつらなく
10 のうふしょ
11 おぎなう
12 もしゃ
13 ほうこ
14 たずねた
15 ふるって
16 ぼにゅう
17 はしゅつじょ
18 はり
19 そめる
20 わかば

1「存分《ぞんぶん》」は、思いどおりにすること。
3「幕末《ばくまつ》」は、江戸《えど》幕府の末期。
12「模写《もしゃ》」は、芸術作品や手本などを、そのまま""まねて写し取ること。また、その写し取ったもの。
13「宝庫《ほうこ》」は、役立つものを多く産出するところ。
17「派出所《はしゅつじょ》」は、仕事で出向いた人が職務を行うところ。「交番」の旧称《しょう》。

## 二 部首と部首名

各1点 計10点

部首と部首名は解答の補足です。

1 き 至 2 ケ いたる
3 う 扌 4 ク てへん
5 お 月 6 イ にくづき
7 か 見 8 カ みる
9 こ 言 10 ウ ごんべん

## 三 画数

各1点 計10点

1 10
2 12
3 4
4 8
5 10
6 15
7 7
8 11
9 12
10 14

## 四 漢字と送りがな

各2点 計10点

1 難《むずか》しい
2 頂《いただ》く
3 垂《た》らす
4 収《おさ》める
5 捨《す》てる

## 五 音と訓

各2点 計20点

1 ア 胃《イ》液《エキ》
2 ア 筋《キン》肉《ニク》
3 イ 客《キャク》間《ま》
4 ウ 割《わり》引《びき》
5 イ 地《ジ》声《ごえ》
6 エ 石《いし》段《ダン》
7 ア 悪《アク》党《トウ》
8 ウ 骨《ほね》組《ぐみ》
9 ウ 紅《べに》花《ばな》
10 ア 就《シュウ》任《ニン》

## 六 四字の熟語

各2点 計20点

グレーの部分は解答の補足です。

1 二律背反《にりつはいはん》
2 失業対策《しつぎょうたいさく》
3 公私混同《こうしこんどう》
4 危急存亡《ききゅうそんぼう》
5 宗教戦争《しゅうきょうせんそう》
6 鉄鋼業界《てっこうぎょうかい》
7 腹式呼吸《ふくしきこきゅう》
8 雨天順延《うてんじゅんえん》
9 天変地異《てんぺんちい》
10 看護学校《かんごがっこう》

たがいに対立し、つじつまの合わない二つの判断が同等の権利で主張されること。

失業者を救済するためのさまざまな事業のこと。

仕事などの公的なことに私的な事情をもちこみ、公私のけじめをつけないこと。

危険がせまり、生きるか死ぬかのせとぎわ。

宗教が原因で起こった争いのこと。

鉄鋼（鉄を主成分とする金属）をあつかう産業に属する人々の社会。

腹筋を使って行う呼吸のこと。

雨のために、期日を順に先にのばすこと。

地しん、つなみ、こうずいなど、自然界の大きな異変。

看護師になるための養育機関。

## 七 対義語・類義語

各2点／計20点

グレーの部分は問題の熟語・解答の補足です。

1 公開《こうかい》―秘密《ひみつ》
2 正式《せいしき》―略式《りゃくしき》
3 温和《おんわ》―乱暴《らんぼう》
4 親近《しんきん》―敬遠《けいえん》
5 改悪《かいあく》―改善《かいぜん》
6 約束《やくそく》―盟約《めいやく》
7 向上《こうじょう》―発展《はってん》
8 支配《しはい》―君臨《くんりん》
9 一新《いっしん》―変革《へんかく》
10 使命《しめい》―任務《にんむ》

2「略式《りゃくしき》」は、正式な手続きの一部を省いて、簡単にやること。

7「向上《こうじょう》」は、能力や程度が、よりよい方向に向かうこと。

## 八 熟語作り

各2点 計10点

1 イ コ 視界《しかい》
2 ク カ 処分《しょぶん》
3 ア ケ 内臓《ないぞう》
4 キ エ 自警《じけい》
5 ウ オ 勤勉《きんべん》

## 九 熟語の構成

各2点 計20点

1 ウ 直射《ちょくしゃ》 直（じかに）↓射（す）
2 イ 時刻《じこく》 どちらも「時間」の意。
3 ア 縦横《じゅうおう》 縦⇕横 「たてよこ」とも読む。
4 ウ 厳禁《げんきん》 厳（しく）↓禁（じる）
5 エ 祝福《しゅくふく》 祝（う）↑福（幸福を）
6 イ 除去《じょきょ》 どちらも「とりのぞく」意。
7 エ 在宅《ざいたく》 在（いる）↑宅（に）
8 エ 養蚕《ようさん》 養（育てる）↑蚕（を）
9 イ 温暖《おんだん》 どちらも「あたたかい」意。
10 ア 拡縮《かくしゅく》 拡（ひろがる）⇕縮（まる）

## 十 同じ読みの漢字

各2点／計20点

グレーの部分は解答の補足です。

1 済《す》んだ
2 住《す》んだ
3 仮装《かそう》
4 高層《こうそう》
5 降下《こうか》
6 効能《こうのう》
7 観劇《かんげき》
8 過激《かげき》
9 時刻表《じこくひょう》
10 宣告《せんこく》

3「仮装《かそう》」は、仮にほかのものの姿をすること。

10「宣告《せんこく》」は、告げ知らせること。

## 十一 漢字

各2点 計40点

グレーの部分は解答の補足です。

1 座席《ざせき》
2 胸中《きょうちゅう》
3 舌《した》
4 異色《いしょく》
5 系統《けいとう》
6 切《き》り株《かぶ》
7 困《こま》った
8 清純《せいじゅん》
9 縮尺《しゅくしゃく》
10 我《われ》
11 主将《しゅしょう》
12 供《とも》
13 蒸発《じょうはつ》
14 尊《たっと》んだ 貴んだ
15 干《ほ》した
16 泉《いずみ》
17 専用《せんよう》
18 窓口《まどぐち》
19 優勢《ゆうせい》
20 誤《あやま》り

2「胸中《きょうちゅう》」は、胸のうち。心の中で思っていること。

4「異色《いしょく》」は、ほかとは異なり特色があること。

9「縮尺《しゅくしゃく》」は、地図上と実際の長さの比。

13「蒸発《じょうはつ》」は、液体が気体になること。人がどこかへいなくなることもいう。

20「弘法《こうぼう》にも筆《ふで》の誤《あやま》り」は、弘法大師のような書の達人であっても書き間違《ちが》えることがあること。名人であっても失敗することがあるということ。

問題は本冊P132〜137

## 一 読み

各1点 計20点

グレーの部分は解答の補足です。

1 みつばい
2 しゅけん
3 はら
4 さんまいめ
5 しまる
6 みなもと
7 しりぞいて
8 おぎなう
9 はいごう
10 さんぱい
11 かたほう
12 いたむ
13 ちょうてん
14 じゅひ
15 ちぢめる
16 にっしゃびょう
17 はげしい
18 けっきん
19 すじみち
20 いっせん

1「密売《みつばい》」は、法律や規則で禁じられているものを、ひそかに売ること。

4「三枚目《さんまいめ》」は、演劇などでこっけいな役を演じる俳優。転じて、こっけいなことをしたり言ったりする人。

9「俳号《はいごう》」は、俳句を作るときの名のこと。

10「参拝《さんぱい》」は、神社や寺におまいりすること。

14「樹皮《じゅひ》」は、樹木の表皮。

18「欠勤《けっきん》」は、勤め・仕事を休むこと。

## 二 部首と部首名

各1点 計10点

部首と部首名は解答の補足です。

1 け 土
2 オ つちへん
3 お 火
4 イ ひ
5 う 扌
6 ク てへん
7 い 刂
8 ウ りっとう
9 き 禾
10 ケ のぎへん

## 三 画数

各1点 計10点

1 9
2 11
3 11
4 14
5 9
6 12
7 6
8 9
9 7
10 18

## 四 漢字と送りがな

各2点 計10点

1 訪《たず》ねる
2 忘《わす》れる
3 並《なら》べる
4 暖《あたた》める
5 至《いた》る

## 五 音と訓

各2点 計20点

1 ウ 背中《せなか》
2 イ 幕内《マクうち》
3 ア 時刻《ジコク》
4 イ 茶柱《チャばしら》
5 ア 座高《ザコウ》
6 ウ 潮風《しおかぜ》
7 エ 砂絵《すなエ》
8 イ 欲目《ヨクめ》
9 ア 展開《テンカイ》
10 ウ 生卵《なまたまご》

## 六 四字の熟語

各2点 計20点

グレーの部分は解答の補足です。

1 著《ちょ》者《しゃ》略《りゃく》歴《れき》
2 反《はん》対《たい》同《どう》盟《めい》
3 一《いち》言《ごん》片《へん》句《く》
4 法《ほう》律《りつ》改《かい》正《せい》
5 一《いち》味《み》徒《と》党《とう》
6 雑《ざっ》誌《し》広《こう》告《こく》
7 生《せい》存《ぞん》競《きょう》争《そう》
8 千《せん》姿《し》万《ばん》態《たい》
9 胃《い》腸《ちょう》障《しょう》害《がい》
10 自《じ》己《こ》負《ふ》担《たん》

本を書きあらわした人のおおまかな経歴。

ある物事に反対するものどうしで同じ行動をとるよう約束すること。

ほんの少しの言葉。

法律の不適切な部分などを改めること。

同じ目的のために結ばれた仲間。悪いたくらみについて言うことが多い。

雑誌にのせられた広告。

生物が生きていくためのあらそい。

さまざまに異なった姿や形。

胃と腸の具合が悪くなること。

自分自身で義務や責任を引き受けること。

## 七 対義語・類義語

各2点／計20点

グレーの部分は問題の熟語・解答の補足です。

1 水平《すいへい》―垂直《すいちょく》
2 未熟《みじゅく》―成熟《せいじゅく》
3 老人《ろうじん》―子供《こども》
4 子孫《しそん》―祖先《そせん》
5 建国《けんこく》―亡国《ぼうこく》
6 未来《みらい》―将来《しょうらい》
7 直前《ちょくぜん》―寸前《すんぜん》
8 指図《さしず》―指揮《しき》
9 助言《じょげん》―忠言《ちゅうげん》
10 手紙《てがみ》―書簡《しょかん》

1「水平《すいへい》」は、静かな水面のように平らであること。「垂直《すいちょく》」は、真下にたれさがること。

2「成熟《せいじゅく》」は、十分に成長すること。

## 八 熟語作り

各2点 計10点

1 コ ケ 方針《ほうしん》
2 エ ア 温泉《おんせん》
3 イ カ 推進《すいしん》
4 オ キ 従業《じゅうぎょう》
5 ク ウ 模型《もけい》

## 九 熟語の構成

各2点 計20点

1 エ
2 ウ
3 ウ
4 ア
5 イ
6 ウ
7 エ
8 ウ
9 ア
10 イ

立憲《りっけん》 立(制定する)↑憲(憲法を)
若葉《わかば》 若(い)↓葉
誤字《ごじ》 誤(った)↓字
加除《かじょ》 加(える)⇔除(く)
善良《ぜんりょう》 どちらも「よい」意。
郷土《きょうど》 郷(生まれ育った)↓土(土地)
延命《えんめい》 延(ばす)↑命(を)
宝船《たからぶね》 宝(を積んだ)↓船
可否《かひ》 可(それでよい)⇔否(同意しない)
尊敬《そんけい》 どちらも「うやまう」意。

## 十 同じ読みの漢字

各2点／計20点

グレーの部分は解答の補足です。

1 居《い》る
2 射《い》る
3 降臨《こうりん》
4 前輪《ぜんりん》
5 専行《せんこう》
6 選手《せんしゅ》
7 和訳《わやく》
8 約《やく》
9 班《はん》
10 判《はん》

1「並《な》み居《い》る」は、力量のあるものがいならぶ。

3「天孫《てんそん》」は、天津神《あまつかみ》の子孫のこと。特に、天照大神《あまてらすおおみかみ》の孫ニニギノミコトのこと。

## 十一 漢字

各2点 計40点

グレーの部分は解答の補足です。

1 不孝《ふこう》
2 連呼《れんこ》
3 厳《きび》しい
4 縦断《じゅうだん》
5 吸《す》い
6 乱暴《らんぼう》
7 紅梅《こうばい》
8 危険《きけん》
9 胸《むね》
10 遺品《いひん》

11 恩師《おんし》
12 延《の》ばした
13 割《わり》
14 巻《ま》き
15 対処《たいしょ》
16 保障《ほしょう》
17 探《さが》す
18 盛《も》り
19 裏切《うらぎ》る
20 穴《あな》

2「連呼《れんこ》」は、同じ言葉を大声で何度も続けて言うこと。

4「縦断《じゅうだん》」は、縦または南北の方向に通りぬけること。

10「遺品《いひん》」は、死後に残した物。また、忘れ物。

13「割《わり》に合《あ》わない」は、元手に対してもうけが少ない。労力と結果などがつり合わない。

20「同《おな》じ穴《あな》のむじな」は、一見関係がないように見えて、実は同類であること。

矢印の方向に引くと別冊が外れます